成功者が実践する「小さなコンセプト」

野地秩嘉

光文社新書

はじめに

小さなコンセプト

成功している人、幸せな人を見ていると、特別に共通点はないと思う。

優秀な大学を出ている、生まれが良いために財産を所有している、美的なセンスをもち芸術に詳しい、頑健な体質である、外国語がしゃべれる……。

こうした他人よりもどこかしら得をしている人だからといって、成功するとは限らない。むしろ、何ももっていなくとも逆境から這い上がって自分の力で成功を勝ち取っている人もいる。そうしてみると、成功や幸せを支えているものとは何だろうか。本人の意思、努力もあるけれど、わたしは周囲の好意、協力が欠かせないと考える。

仕事で成果を出すことは本人の努力の結果であり、実務能力の反映だ。実務能力がなければ成功はできない。しかし、周囲の人々は結果や能力だけを見るのではなく、「真面目に生きている姿勢」にも注目している。

そして、真面目に生きている姿勢がくっきりと表れているのが、その人が日々守る生活習慣であり、自分との小さな約束だ。小さな約束は誰もが簡単にできる。しかし、長い間、続けるのは決して易しいことではない。

長期間守る、自分との約束。わたしはそれを「小さなコンセプト」と名づけたい。小さなコンセプトとは行動の指針だ。そして、私たちは小さなコンセプトを頼りに人生を乗り切っていけばいい。そうしているうちに、いずれは自身の幸せに結びつくのである。

名言は「名言集」には載っていない

本書には、小さなコンセプトを実践し続けている人の言葉、名言を採録してある。ややこしいのだが、彼らの言葉はわたしにとっては名言なのだが、いわゆる「名言」とはちょっと違う。

気の利いたセリフではないし、人の目を引きつけるドラマチックな表現でもない。

いわば普通の言葉だ。

ただ、その言葉が出てきた状況や文脈が一種のドラマではある。そのため、普通の言葉が名言に聞こえてくる。人にとって本当に役に立つ言葉とは気のきいたセリフや惹句ではない。せっぱつまった状況、厳しい環境のなかで救いとなる言葉とはぎりぎりの状況を経験した人の本音ではないか。

少なくともわたしの場合はそうだ。何も名言を読んでルンルン気分になりたいわけではない。苦しさを乗り越えさせてくれる行動の記録、そして言葉がほしい。

普通の言葉でありながら、心に残るそれをひとつ挙げよう。

『幸福の黄色いハンカチ』という映画がある。主演は高倉健。冒頭のシーンで彼が刑務所から出所したばかりということがわかる。小さな食堂に入り、メニューをじっと見る。「ビールください」と言って、ビールを喉にしみ込ませるようにして飲む。もう一度。メニューを眺めて、しぼり出すような声で「しょうゆラーメンとかつ丼」と注文する。わたしにとってはこの「しょうゆラーメンとかつ丼」が名言だ。もし、わたしが刑務所に入って出てきたとする。食堂に入って頼むのはやはりこの2品ではないかと思う。そして、なぜか、「しょうゆラーメンとかつ丼」という普通の言葉が、わたしに勇気を与えてくれる。刑務所に入ったって、しょうゆラーメンとかつ丼があればコワいものはないと思ってしまう。そして、精いっぱい生きていこうと感じてしまう。
名言は人によって違う。名言集に載っている気のきいたセリフよりも、自分にとって大事な言葉を探した方がいい。本書はその水先案内で、自分だけの小さなコンセプトと自分だけの名言を探すための手がかりだ。お仕着せの名言よりも自分だけの辞書を作る。そうすれば、人生で迷ったとき、救いになるし、前向きに生きていく気持ちになる。

わたしがこの本を書こうと思ったきっかけは、これから紹介する「ふとんのなかで考え事をするな」という小さなコンセプトと出会ったからだ。この言葉を知ってから、ふとんのなかで考えることはやめた。後ろ向きのことだけでなく、前向きなことも考えない。ふとんに入ったら、眠ることに徹している。
この言葉もまた名言集には絶対に載らない言葉だろう。自分だけの小さなコンセプト集、名言集を作るとき、特に大事な言葉は「しょうゆラーメンとかつ丼」「ふとんのなかで考え事をするな」。このふたつだ。

二〇一七年十月

野地秩嘉

contents

目次

第二章　大切にしている言葉

第三章　相手の心をつかむ

第五章　人を育てる

第六章　意志を貫く

第七章　日々欠かさないこと

第一章

未来への視点をもつ

孫　正義　ソフトバンクグループ会長兼社長

経営者ではなく「事業家」として事を成す

つねに七手先まで読む

「日本でいちばん有名な社長」といえばソフトバンクグループ社長の孫正義だろう。保育園児でさえ、ソフトバンクのＣＭ発表会などに出てくる髪の毛の薄い人を指さして、「あっ孫さんだ」と言うくらいだ。誰もが名前だけは知っている。ところが、本質をちゃんと理解している人は少ない。

元々、彼のビジネスは家庭用ゲームソフトを売ることだった。その次はヤフーというポータルサイトを手中に収め、広告収入で儲けてきた。ブロードバンド時代をいち早く先取りし、通信業に進出する。彼がボーダフォンの日本法人を買収したのは二〇〇六年で、そこからはケータイ事業に邁進した。その後もプロ野球球団を買収したり、中国企業のアリババグループに投資して、成長の果実をつみとっている。球団経営、投資業でもちゃんと結果を残している。同じジャンルの事業を十年一日のごとくやってきた人ではなく、数年に一度は必ず大きな転換を行なってきた人なのである。

さて近年、ソフトバンクは大きな節目を迎えた。後継者に指名していた人物が退任し、直後、三・三兆円を使って英国半導体大手のアーム社を買収した。

同社買収について、イギリスで開かれた記者会見では次のように語っている。

「私はつねに七手先まで読みながら碁の石を打っていく。まあ、わかる人にはわかるし、わからない人にはわからない」

イギリス人記者が相手だから、碁の話をもち出して、煙に巻いたわけだけれど、確かに、彼が大きな投資、事業転換の後に語った話は、わかる人にはわかるが、わかろうとしない人には絶対にわからない。

この後に行なった決算説明会ではこんな話もしている。

「我々はリングに立つボクサーのようなもので、何発目に左を出すとは言わない。勝つことが大事で、勝つプロセスを説明することが大事ではない」

こちらの方が本音だろう。

わたしは一度だけ、彼とユニクロ創業者、柳井正会長兼社長の対談で司会を務め、ふたりから話を聞いたことがある。孫はこんなことを言っていた。

「僕はリングに立つボクサーみたいなものですよ。戦っていたら、観衆から励まされたり、ブーイングされたり…。まあ、ブーイングの方が圧倒的に多いのですけれど。それでも、観客はお金を払って見にきてくれているんです。観衆がいるからやっているわけで、悪口を言われたマスコミに対して腹立たしいなんて思わない」

わたしは「この人はずいぶんと叩かれてきたから、かわし方が上手だ」と感じた。本心は理解してくれないマスコミを許せないと思っているに違いない。

株価や利益は重要ではない

三・三兆円で買収したアーム社について、孫は「IoT時代のプラットフォームとなるべき成長企業」と説明している。事実、CPU（中央演算処理装置）の設計開発を手がける同社は、スマホ向けでは世界の約九五％のシェアを握っている。注意すべきはインテルのように製品としてCPUを作っているのではなく、設計図を売っていることだ。つまり、世界のスマホのCPUのうち約九五％が同社の設計図をもとにしていることになる。

ただ、この発表をしてからソフトバンクの株は発表前よりも一〇・三％安くなった。「売り上げが一〇・一兆円の会社にとって、買収金額は過大ではないか」そういう懸念が投資家に広がったのである。

だが、孫はまったく動揺しなかった。「株価はすぐに戻る」と信じていたのである。

そして、こんな発言をした。

「日本には、経営者はたくさんいる。でも事業家は本当に少なくなったと思います。僕は人生の大半を事業家として過ごしてきたのだけれど、金銭的な欲望や成果というのはたかが知れていると思うんですよね。目先の株価や利益は、経営者としては大事かもしれないけれど、事業家としては大事なことのほんの一部に過ぎない。

僕がいつも座る椅子の真っ正面に、坂本龍馬の等身大の写真を置いていて、それで叱咤激励《しったげきれい》されているような気がしているんですね。『事を成す』というのが彼の生涯の信条です。やっぱり僕も事業家として、心の底から未来の社会や人々に貢献できるような形で事を成したいと思っている。そうなれば金銭的な成果もおのずと集まるはずです」

彼が敬愛して、ソフトバンクの社外役員に迎えた時期もあった日本マクドナルドの創業者、藤田田氏もまたつねに自ら脱皮を繰り返し、事業領域を転換させていた人だった。進駐軍の通訳から輸入商に転じ、輸入商としてもゴルフ道具から始めて婦人向けのブランド品や宝石に特化した。そして、次は日本には存在しなかったハンバーガーチェーンの日本法人を立ち上げた。経営者というよりも、根っからの事業家だった。

藤田氏は「君子豹変は当たり前」というのが口癖で、状況を読んで、未来を予知し、事業領域を変えるのは経営者にとって必要不可欠と言って、はばからなかった。

孫の言うように、経営者として優れた人間は幾人もいる。しかし、周囲がすぐには判断のつかないような新しい事業に取り組む事業家は数少ない。新聞記者、ジャーナリストは本物の事業家と話した経験が少ない。だから、孫の真意がつかめないのだろう。

孫正義の小さなコンセプトは遠くに向かってボールを投げることだ。目標があまりにも遠い先のことだから、評価できる人は少数しかいない。

鈴木敏文　セブン&アイ・ホールディングス名誉顧問

情報をもとに「自分で考える力」を鍛える

「昨年売れたから今年も売れる」は間違い

「他社の成功体験にとらわれない」「未来は過去の延長ではない」と言い続けているのがセブン&アイ・ホールディングス名誉顧問、鈴木敏文だ。

「情報が大切なのは言うまでもありませんが、僕は社内でつねに『情報にとらわれるな』とも言い続けているんです。特に危ないのが、他人の成功体験。時代や環境が変われば、成功への道も違っているはずですから、そんな情報は何の役にも立たない」

成功体験が役に立たないことの例として鈴木は上着のコートについて語る。

「『暖冬にはショートコート』という過去の常識はまったく通用しません。

その年の流行が購買動向を左右するのはもちろんですが、昨年ショートコートを買った人は同じものは買わないという理由で、今年ロングコートを買ったりするものなのです。昨年売れたから今年も売れる、というのも明らかな間違いです。変化の速い時代だから、過去のデータの重要性は薄れてきています。過去から未来を予測するのではなく、ありうる将来を予測して、そこから現在の行動を考えるべきなのです。

昔は一年も前からコートの商品企画を練っていたけれど、いまはそんなことはしません。暖冬にも厳冬にも、どの丈が流行しても対応できるように、ぎりぎりまで引きつけてから方向性を決めます。もちろん、天気予報がはずれるように僕の将来予測も確実ではありません。だからこそ、情報の鮮度には人一倍こだわります」

鈴木は情報を入手して、そこで安心するなと言っている。情報を取った後は自分の頭で分析しろと繰り返し強調している。彼が言うように、情報とはソリューションではない。実行に移すためのソリューションとは自分の頭で考えて、悩みに悩んでから絞り出したものをいう。

「単純に情報を取りさえすれば成功するのだったら、みんな成功するでしょう。しかし、情報をたくさん集めて、自分なりに仮説を立てて実行に移し、結果の検証を繰り返しても、芳しい答えが出ないことは往々にしてある。集めた情報の精度や分析方法など、どこかで情報の使い方を間違っているということです」

「まず、あらゆる角度から情報に光を当て、多くの情報を総合的に判断して仮説を立てる。それを実行に移してみて、結果を検証する。この進化のプロセスを繰り返すために必要なのは情報収集能力ではなく、むしろ『考える力』です」

鈴木の言うように、情報収集能力よりも、情報をもとにして考える力を鍛えることの方がビジネスマンには必要だ。

塚越 寛　伊那食品工業会長

会社の目的は全社員の幸せ

企業はやり方次第で永遠に生きられる

トヨタ社長の豊田章男が「この方にはつねに学んでいます」と兄事《けいじ》しているのが伊那食品工業会長の塚越寛。会社の規模でいえば、トヨタは売り上げが二八兆円で、営業利益が三兆円。伊那食品工業の売り上げは一九〇億円に過ぎない。ただ、同社は創業から四八年間、連続して増収増益を達成した優良企業なのである。

豊田章男は塚越のどういった考えを評価しているのだろうか。

「私（豊田）が塚越会長に共感するのは企業は、やりようによっては永遠に生き続けることができるとお考えになっている点です、すなわち、少しずつでも確実に成長できること、世の中のためになることが経営ではないか、と」

豊田が指摘した経営方法を塚越自身は「年輪経営」と呼んでいる。

毎年、ひと筋ずつ年輪を刻む木々のように、会社もまた一年一年、着実に業績を伸ばしていけばいい。そして、短期で業績を見るのではなく、一〇〇年後を見据える。塚越は毎年、新入社員に「百年カレンダー」を配っている。長期の視野で考えることの大切さを具体化したカレンダーだ。

塚越は語る。

「会社が存続する目的はすべての社員の幸せを実現すること。そして会社経営の目的とは、会社を永続させるために利益を生み出すことにある」

一時期、会社は誰のものかという議論が盛んに行なわれた。

「会社は株主のものだ。だからM&Aは当たり前だ」

そんな論調に味方する経営者が少なくなかったが、塚越の意見はそれとは正反対である。

「現場で働く社員の幸せを追求する。社員を大事にする。会社はどれだけ社員を大事にしても経営は成り立つ。甘やかすのではないですよ。大事にするのです。会社が本気で社員の幸せを追求すれば必ず利益は生まれる。私はそのことを証明したい」

日々、早朝に社員が掃除

同社は毎年、大卒を二〇人、高卒は一〇人を採用している。わずか三〇人の採用枠に対して応募者は七〇〇〇人以上。「社員を大事にする会社」というのが口コミで広がっているため、同社は採用に苦労したことはない。

伊那食品の本社、研究所のある場所は「かんてんぱぱガーデン」と名づけられた三万坪の緑地になっている。アカマツ、芝生の美しい緑地で、景観を守るために毎朝一〇〇人以上の社員が始業時よりも四〇分以上、早く出社し、敷地を清掃している。

わたしも見たことがあるが社員たちはガーデンをほうきで掃き、落ち葉はバキュームブロワで一カ所に集める。早朝清掃は社員が自主的に行なっているものであり、本社だけでなく、すべての工場でも実施されている。また、清掃は営業日だけに限らない。土・日曜日であっても、早朝に掃除しにやってくる社員がいる。そこまでしているのだから、かんてんぱぱガーデンは美しい。

かんてんぱぱガーデンには同社の製品を売るショップ、写真、細密画などのミュージアム、洋食、和食、そばなどのレストランが三軒と喫茶店が一軒。伊那地方に観光にやってきた人々は昼食を摂ったり、あるいは作品鑑賞のために、かんてんぱぱガーデンを訪れる。大型バスが何台もやってくるから、昼時はどのレストランも満席で、行列ができるほどだ。

自分さえ良ければでは続かない

レストランの混雑は昼食後も続き、土曜、日曜などは夕方まで、なかなか入ることができない。それなのに、敷地内にあるレストランはいずれも午後六時になると閉めてしまう。ランチ、早めの夕方の食事は出すけれど、ディナータイムは営業しないのである。すべての店とはいわないが、ワインを出すレストランなどは夜の営業をしても、採算が合うと思われる。

なぜなのか。

ところが、塚越は「夜の営業はやらない」と決めた。

「たいがいの経営者ならば夜の営業をやるかもしれません。その方が経営効率、収益性が高い。でも、我々は東京のような大都会ではなく、伊那という小さな土地で会社をやっているんです。

伊那の駅前には、父ちゃん母ちゃんでやりくりしている居酒屋や赤ちょうちんが結構ある。もし、うちがバスを仕立てて駅からお客さんを運んでしまったらどうなりますか？　あの人たちのお客さんを取ってしまうことになりかねない。それは絶対にやってはいけないことなんです」

会社は利益を上げなくてはならない。そうでないと存続できないからだ。だからといって、「儲けるために何でもやっていい」ということにはならない。伊那食品の塚越がレストランのディナー営業をしないことを人は英断だという。しかし、英断ではない。ひとり勝ちは結局のところ、長く続かないのである。塚越はそれをわかっている。だから、こういうことも言っている。

「いい会社とは、たくましく、やさしくあることでしょう。いまさえ良ければいい、自分さえ良ければいい、お金さえあればいいというのは良くはないのです。経営者は世の中のために、他人のために尽くすことが求められるのです。偽善ではなく、思いやりを大切にすることが経営なのです」

松下幸之助

松下電器産業創業者

運の強い人物を採用する

面接官にも哲学と覚悟が必要

ビジネスマンならば面接を受ける機会がある。入社面接から始まり、資格取得、昇進のために上司から質問を受ける。こうした面接についての教えやガイドラインはさまざまあるが、わたしが注目したいのは、面接される側ではなく、面接官の方だ。たいていの人は面接官になったら、相手を一方的に評価しさえすれば、それでよしと思っているかもしれない。しかし、それは大きな誤解だ。

入社面接を例に挙げよう。優秀な学生は多くの会社にエントリーし、内定も複数、もっている。そんな学生が就職先を決める場合、面接官の言動や物腰は大きな要素になってくる。態度のデカい面接官、何の問題意識ももたずに陳腐な質問を繰り返す人間に出会った学生はその会社に幻滅する。

面接官は人を選ぶ権力者ではない。多くの人から「面接される側」でもあるのだ。できるビジネスマンは入社志望の学生を相手にしながら、きちんとした態度を崩さないし、自分なりの視点をもって質問をする。そうしておけば、合格しなかった学生からも逆恨みされることはない。面接官には哲学と覚悟がいる。

松下幸之助は面接に際して自分なりの尺度をもっていた。

「運のない人は、死なんでもいいときに死んでみたりする。なんぼ追いつめられても徳川家康のように流れダマがそれて死なん人もいる。人為《じんい》ではどうしようもない、もって生まれたものですな。僕はふたりのうちひとりを雇おうとする場合、学力、人格に甲乙つけがたいときは、履歴書などを参考にして、運の強い人を選びますな。運のいい社員は流れダマに当たらないし、会社にも運が向いてくるわけですよ」

「運のいい方を採る」考え方は松下幸之助に限らない。実は公言しないだけで、運の良さそうな人、愛嬌《あいきよう》のある人間を採用する面接官は少なくない。ただ、世の中に向かって、大声でそういった主張をすると「不公平だ」「何の根拠もないのに」と反論されるから、胸の奥にしまっているのである。

緒方大助

元らでぃっしゅぼーや社長

撤退の決断こそ経営者の仕事

本業以外の失敗で痛感したこと

「経営者、ビジネスマンにとってもっとも必要な能力は、私は決断力だと思う」

こう指摘するのは有機野菜の宅配で業界トップのらでぃっしゅぼーや元社長の緒方大助だ。

彼は元々、青汁のキューサイ社員だったが、キューサイがらでぃっしゅぼーやを買収したとき、三九歳で社長に就任。その後、らでぃっしゅぼーやを上場させ、最終的にはNTTドコモの傘下に入ることを決めた。NTTドコモがもっている携帯電話契約者にターゲットを絞って営業することが会社の成長に結びつくと判断したからだ。

緒方は「決断力が大事」と言うが、そのなかでも退くことを決めるのがもっとも難しいと考えている。

「私はらでぃっしゅぼーやの経営者を一三年間、つとめました。本業の有機野菜、低農薬野菜の宅配については成長させたと自負しています。しかし、実はお惣菜の販売、コンビニと組んだ宅配の展開など、本業以外の仕事もずいぶんやっているのです。けれども、いずれも成功したとはいえません。ほとんどはすぐに撤退しました。そのときにつくづく思ったのですが、大切な決断力とは進む判断ではなく、退く判断だな、と。

たとえば、お惣菜の店舗を出して、お客様があまり入らなかったとする。しかし、スタッフはやる気だし、中途で退店したら違約金を取られてしまう…。そんなときに、いつやめるかという判断を下すのがもっとも難しい。しかし、決めないと赤字が膨らんでいく。撤退を決断するのは経営者の仕事なんです。

優秀な経営者はやめる決断が早い。担当スタッフの士気が落ちること、違約金が出ていくことなどを考慮に入れても、やめるときはやめる。ずるずる判断を引き延ばして、赤字を増やしてしまうのがもっともいけない」

緒方はまだ五〇代だ。らでぃっしゅぼーやをやめて、悠々自適に暮らしていく人物ではない。今後もまたどこかの仕事をするかもしれないが、そのときも新しいことにチャレンジし、ダメなら早めにやめるだろう。

経営者でも個人でも、心しておかなくてはいけないのは何かをやめたり、あきらめる判断はとにかく早くしなければならないということだし、決断できる人間になることだ。

大倉忠司　鳥貴族社長

誰もが認める会社をつくる

焼き鳥屋の地位向上のために上場

パチンコ、競馬、競輪、麻雀…。近頃、遊技人口が減っているとはいえ、まだまだギャンブルは庶民の娯楽だ。ビジネスマンでもたまには卓を囲んだり、パチンコへ行く人がいるだろう。だが、経営者となってから、きっぱりとやめた男がいる。

鳥貴族は焼き鳥のチェーンで、上場企業だ。社長の大倉忠司は創業者。同チェーンのウリはなんでも二九八円という均一料金で、食べ物だけでなく、ビール、シングルモルトウイスキーまで同じ価格で販売している。しかも、鶏肉はすべて国産品。焼き鳥の串を打つのも各店舗で行なっている。大半の居酒屋が調理済みの冷凍焼き鳥を輸入しているのに比べてコストのかかる経営をしているにもかかわらず、ちゃんと利益を出しているのが同社だ。

社長の大倉は高校を出て、ホテルに入った後、町場のパブ、焼き鳥屋で修業し、鳥貴族を興した。

「麻雀、パチンコ、競馬…。私も若い頃はやっていました。でも、ダメになる人を大勢見てきたこともあって、いまは趣味程度でもやりません。宝くじも買わないし、投資もしません。投資だって、いろいろな人がすすめにきますけれど、あぶく銭で儲けていたら、いまの自分にはなっていないと思います。私は本業の焼き鳥で儲けることだけを一心に考えています」

大倉も会社を始めた頃はカネが欲しかったと正直に言う。ただ、彼の場合、カネよりも大きな目的があった。

「僕は焼き鳥屋ですから。まずは自分たちの社会的地位の向上を考えなくてはならなかったんです。どうしても焼き鳥屋という職業を社会に認めさせたかった。だから、上場を目指しました。会社が小さかったとき、入社してくれた仲間は親や親せきから『焼き鳥屋なんか行くな』と反対された人間ばっかりです。でも、彼らは反対を押し切って入社してくれた。本当の仲間です。よし、と思いました。

『社員の親や親せきに認めてもらえるような会社になろう』」

さらに、彼は自分の会社を息子に譲らないことも決めていた。子息は「関ジャニ∞」というグループの人気者で、上場したときに大きな話題になり、報道された。しかし、彼はインタビューでも、一切、その話題をもち出していない。会社は公のもので、いくら大株主であっても、大倉家のものではないことをよくわかっているからだ。

「私は子どもが小さかった頃から『うちの会社は世襲はしない。次の社長は従業員のなかから出す』と宣言しました。

息子だけじゃありません。家内をはじめ親族を社員名簿にも載せなかった。最初から鳥貴族を大倉家の家業にするつもりは一切、ありませんでした」

福島　徹　福島屋会長

有能な部下にすべてを任す

全国から視察が訪れる田舎のスーパー

東京の西部、羽村市にあるスーパーが注目を集めている。食品スーパーの福島屋。店舗数は一〇で従業員は三六〇人。年商は五〇億円。規模としては中堅であり、全国的に知られているスーパーではない。しかし、都心から電車で一時間以上もかかる場所へ、いま、全国からマスコミ、専門家が視察に訪れている。

福島屋の特徴は専門家でなくとも、素人が一度見ただけですぐにわかる。まず、おにぎり、惣菜、弁当、パン、まんじゅう、ケーキ、プリンなどはいずれも自家製だ。

一般にチェーン店のスーパーは専門の惣菜工場、パン工場などに頼んで、販売用の商品を製造してもらう。でき上がってきたものを並べて売るだけだ。ところが、福島屋はコロッケを揚げるのも、弁当に入れる鯖を焼くのもすべて店舗内で行なっている。しかも、オープンキッチンだ。買い物客は目の前でとんかつやメンチカツが揚がるのを見ることができる。

創業者で会長の福島徹はこう語る。

「うちもスーパーを始めた頃は冷凍のフライを揚げてお客さんに出しました。でも、おいしくないんです。すぐにやめました。いまは肉でも魚でも新鮮な材料から手作りしています。オープンキッチンにして、お客さんが見られるようにしているのは、その方がやっているスタッフの緊張感が高まるからです」

お客さんとのコミュニケーションが販売を伸ばす

もうひとつ、羽村の本店で目につくのは常連客とおしゃべりする従業員の姿である。

「お客さん、おまんじゅう、いま、作ったばっかり。おいしいからどうぞ。でも、ひとつでいいのよ。たくさん買わなくていいからね」

従業員が話しかけると、熟年の女性が「あら、そうなの」と言って、ひとつだけ買ってレジへ行く。チェーンのスーパーといえば、客も従業員も無言が原則だろう。何もしゃべらずに買い物をし、働く者は「ありがとうございます」と頭を下げるだけだ。ところが、福島屋では売り場でおしゃべりする客と従業員の姿がある。

福島は笑って言う。

「私は元々、御用聞きをやっていたからね。うちは小さな酒屋でした。僕が大学を出て、店を継いだ頃、ちょうど近所に羽村団地ができたんです。八〇〇世帯もある巨大団地で、そこに御用聞きに行ったんです。御用聞きで大切なのは必ず同じ時間に行って、注文があってもなくても顔を出すこと。そのうちに信用されるようになり、最初はビールやお酒だけだったのが、次第に醤油、味噌の注文を受けるようになりました。ついにはミカン、リンゴも持ってきてくれと。結局、羽村団地の七割はうちのお客になってくれました。お客さんとコミュニケーションすることは販売を伸ばすのです。

でも、きつかったですよ。五階建てだけれど、エレベーターなんてなかった。ビールを三ケース持って五階まで行くと、フラフラになりました」

実権を握るのは店で働いているおばさんたち

スーパーの命は店頭の棚作りにあるという。一般のスーパーでは社内のプロがそれぞれに工夫した商品棚を作る。しかし、福島はそれは本当の客本位ではないと言う。

「一般のスーパーはどうすれば売り上げが上がるかという品揃えであり、そういう棚作りをしています。対して、うちではお客さんの目線で品揃えをしている。お客さんがほしいはずのものを並べるようにしています。そして、従業員がお客さんをつかまえて、『一回、この醤油を使ってみるといいですよ』と、提案する。あくまでおうかがいであり、提案です。絶対に商品の押しつけはしません。押しつけは店のエゴです。私たちが提供するのは商品の情報。選ぶのはお客さんです」

福島屋にはMPS（ミセス　プロズ　スマイルズ）という地元の主婦で構成されたマーチャンダイズ集団がいる。店頭の品揃えは彼女たちがやっている。

福島はこう解説する。

「もう一〇年以上になります。最初のうちは品揃えについて意見を聞いていたのですが、いまではそのうちの何人かが直接、品物を発注して、棚を作っています。最初のうちは慣れないから他の店を調べに行ったり、商品についてネットで検索したり。悪戦苦闘して品揃えをしていました。いまではもうプロですね。元々お客さんですから、客の目線で品物を集めてきています。いちばんの実力者は社員になって執行役員ですから。そこまでやることがお客様目線なんです」

福島の言うように、店のなかではＭＰＳの女性陣が生き生きと働いていた。すべての惣菜を手作りすること。客の要望を直接、聞いて棚を作ること。小売りではどちらも大切なことであるし、実行すれば結果が出ることはわかっている。しかし、みんながやらないのは手間がかかるからだ。また、客の目線で品物を選ぶことのできる従業員を育成することには手間だけでなく、時間を要する。

それでも、福島徹は愚直にやってきた。

「うちの実権を握っているのは僕じゃないですよ。店で働いているおばさんたちです。惣菜を作っているのも、ＭＰＳもおばさん。私はすべて彼女たちに任せています。私よりもはるかにお客さんのことがわかっているのですから」

彼の小さなコンセプトは自分よりも詳しい人を探し出して、信頼したらすべてを任せることだ。

漢の高祖、劉邦以来、「有能な部下にすべてを任す」のはリーダーにとって不可欠な資質だ。彼はただそれを実行している。

出口治明
ライフネット生命保険創業者

歴史は未来の問題解決に役立つ

対面したキッシンジャーに共鳴

ライフネット生命保険創業者の出口治明氏とは神楽坂の鍋料理店「山さき」で知り合った。「山さき」は席数が一六しかない。ミシュランの一つ星になっているけれど、隣に座っている人の話し声が聞こえる庶民的な店だ。出口氏はそこで友人とふたりでねぎま鍋を食べていた。周りに遠慮するように小さな声でぽつぽつと話していた。盗み聞きする気持ちはなかったけれど、話が聞こえてきた。彼は熱心に「本が面白い」という話をしていた。

わたしは思った。

「この人はちっとも経営者らしくない」と。彼は生命保険会社のトップだ。元々は日本生命のロンドン現地法人社長であり、退職後は東京大学の総長室アドバイザーを務めていた。べンチャーとはいえライフネット生命には三井物産やセブン＆アイ・グループが出資している。業績も堅調だ。

こう言っては「山さき」に申し訳ないかもしれないが、金融機関トップならばもう少し高い店にいるべき人ではないかとも思った。たとえば、同じ神楽坂の店でも芸妓《げいぎ》がはべる料亭にいるべきではないか、と。

ところが出口氏は鍋とその後の雑炊も平らげた。酒も飲まず、本の話だけをしていた。金融機関のトップという感じの人ではなく、フーテンの寅さんのようにひょうひょうとした人だった。

その後、彼と会って話をした。本と歴史と地理の話ばかりだった。また、著書を何冊か読んだ。歴史と地理についての本だった。

実際に会い、そして、著作を読み、わたしの感じたことは正しいと思った。出口氏は仕事以外に別の人生をもっている。市井《しせい》の歴史家であり旅行家だ。彼は別の人生を楽しんでいる。

著書の『仕事に効く教養としての「世界史」』（祥伝社）に、こんなエピソードがあった。

彼は三〇代の頃、アメリカの元国務長官だったヘンリー・キッシンジャーと会食する機会があった。そのとき、キッシンジャーがワイングラスを持ちながら、こう言ったという。

「人間はワインと同じだ」

キッシンジャーは続けた。

「どんな人も自分の生まれた場所を大事に思っているし、故郷をいいところだと思っている。そして自分のご先祖のことを、本当のところはわからないけれど、立派な人であってほしいと願っている。人間も、このワインと同じで生まれ育った地域（クリマ）の気候や歴史の産物なんだ。これが人間の本性なんだ。だから、若い皆さんは地理と歴史を勉強しなさい」

出口氏はキッシンジャーの言葉に深く共感した。

出口氏が書いた世界史の本を読んで、感心し、目からうろこが落ちたのは「歴史は進化する」ということだ。私たちの世界史に関する知識は高校時代で止まっている。しかし、「世界の歴史は、この何十年かで様変わりしています」と彼は書いている。

なぜ、そうなったのか。著書にこうある。「歴史の研究がイデオロギーにとらわれなくなったことが最大の原因です。武則天《ぶそくてん》（則天武后《そくてんぶこう》）の評価が朱子学の影響を脱したこともそうですが、特に大きいのは、ソ連の崩壊による冷戦の終結により、膨大な資料が陽の目をみたことです」

これまでに公開されなかった資料が出てきたため、歴史の著述は変わった。変わったというよりも、研究が進んで、新たな事実がわかった。その結果、歴史のストーリーは変わったのである。

その証拠に彼が書いた歴史の本には新しい記述、歴史人物の新しい呼び名がいくつも出てくる。

教材は過去にしかない

たとえばマルコ・ポーロは「マルコ・ポーロと呼ばれる誰か」という記述になっている。

「モンゴル側の文献にはマルコ・ポーロという名前がどこにも出てこないため、本書では『マルコ・ポーロと呼ばれる誰か』と表現しています」

「そもそもゲルマン民族とひとくくりにできるような民族はいなかったという説が有力になっています。（最近の歴史書の）用語面でも『ゲルマン民族大移動』は、『諸部族の大移動』などと言い換えられています」

「エリザベスと同時代を生きたシェイクスピア（実在しなかったという説もありますが）」

私たちは科学、物理、数学も含めて理科系の学問は進歩するのが当たり前だと思っている。

高校時代に習った電子計算機についての知識や用語はＩＴ時代の現在、ほぼ通用しないと肌でわかっている。ところが、過去の歴史については考えもせずに、不変のものだと信じこんでいる。

出口世界史の小さなコンセプトは、世の中は進歩する、歴史もまたしかり、ということだ。こういうふうに歴史を教えてくれる人はなかなかいない。わたしは経営者としての彼よりも、市井の歴史家としての出口治明を尊敬している。

「人間の脳味噌が変わらない限り、過去と同じようなことは起こりうる。つまり、歴史は未来の問題の解決に役立つのです。まして、現代のように日本が世界と密接にリンクしていると、『それ、外国であった話でしょう?』とは決して言えません。将来、何が起こるかは誰にもわからないけれど、世界史は必ず役に立つ。教材は過去にしかないからです」

ボブ・ディラン　詩人・シンガーソングライター

いつもその瞬間、現在にいようとする

過去にこだわるのは敗者

ボブ・ディラン。一九四一年生まれのシンガーソングライター。『風に吹かれて』『ジャスト・ライク・ア・ウーマン』など多数のヒット曲をもつ。詩人としてはノーベル文学賞を受賞した。ボブ・ディランの信条は次の発言にある。

「僕の考えでは、パフォーマーはいずれ消えていく。ショーの主役は、僕ではなく歌だ」

そして、ディランは過去を振り返らない。いくつになろうと、現在と未来を見つめている。

「いつも、その瞬間、現在にいようとしている。作家としても人間としても、懐古趣味や自己陶酔に陥りたくない。成功者は、いつまでも過去にこだわりはしないと思う。敗者だけがそういうことをするのだろう」

過去の実績を口にすると、他人は「そうですか。素晴らしいですね」と一応は、ほめてくれる。しかし、何度も同じ自慢話を聞いているうちに、「かわいそうな人だな」と思い始める。

「過去の実績を語る以外に、アピールすることがないのだろう」と考えるようになる。

大切なのはつねに現在だ。未来を語るには成功を積み重ねなくてはならない。まだ成功していない人、成功の数が少ない人間は、現在、やっている仕事を成功させるために全力を注ぐ。たとえば、自分が書いた本をベストセラーにしようと思うのであれば、傑作を書くだけでは足りない。書店を回って、書店で働く人に「自分の本の良さを語る」。さらに、「目につく場所に並べてくれませんか」と頭を下げて営業する。作家でさえ、営業が必要な時代なのである。ビジネスマンに過去など振り返っている余裕はない。

ディランは現在の仕事に全力を傾けよと言っている。

「日常生活のなかで適当なところに出かけ、耳を全開にして何かを聴く。誰かがキミに話したことでもいいし、部屋のどこかから聞こえてきたものでもいい。それが特別な響きをもっていたら、歌のなかで使える」

現在のことに集中していたら、とても過去を思い出している余裕はない。

木内博一

和郷園代表

地域産業になれば後継者はやってくる

グランピングで大盛況

和郷園は千葉県の北総地区に位置する農事組合法人で、九三軒の農家が集まった生産組合だ。代表は自らも農家の木内博一。農業問題の論客としても知られている。同法人は野菜の生産、販売、加工から始まり、肥料の製造からカフェ、レストランの運営まで手がけている。年商は九〇億円。

彼らが少し前に始めたのが、いま、話題のグランピング。地元につくった農園リゾート「ザ・ファーム」のなかにある。グランピングとはグラマラス（魅惑的な）・キャンピングの略で、テントや食料を持参しなくとも手ぶらでキャンプができる施設のことだ。アウトドアのテント生活は力仕事も多いため男性がいなければやりづらかったが、手ぶらで体験できるとなると、女性客が訪れるようになる。事実、ザ・ファームのグランピングにはバーベキューやアウトドアクッキングを楽しむために、大勢の女性客がやってきている。

同施設の広報担当者によれば「家族客と女性同士の客が多い」とのこと。

農産物の生産から流行りの施設運営までを守備範囲にしていることで、和郷園に参加しているメンバーの収入は倍増以上になった。

木内はこう語る。

「うちも二五年前までは典型的な日本の農家でした。ばあちゃん、父ちゃん、母ちゃん、私と弟が働いて、一家の年間売り上げは一〇〇〇万円に届かなかった。それでもうちはまだいい方だった。うちの親父は機械が好きだったから、近所の畑に『ごぼうの掘り取り』に出かけて、年間四〇〇万円ほど、稼いでいた。他よりも売り上げは多かったんです」

それが和郷園を設立し、さまざまな新商品を開発するようになってから売り上げは増えた。木内の家に限らず、現在、和郷園の組合に入っている農家の平均売り上げは年間五〇〇〇万円にもなっている。

農業ではなく食材製造業

木内は地元の高校を卒業した後、国が設立した農業者大学校で、農家の経営を学んだ。その後、実家に戻り、農業を始めるが、さまざまな現実にぶち当たる。何よりも、驚いたのは作った野菜の値段を決めるのは農家ではなく、市場の仲買人であり、しかも、値段はその日その日に恣意的に決まることだった。

「千葉の茂原の市場に持っていったら、前の日に一本、一〇〇円だった大根がその日は七〇円だと言われた。三割も安い。それじゃ原価割れしてしまう。いつまでも、この市場に出荷してたんじゃ、生活は良くならないと思った」

そこで、彼は東京の大田区にある青果市場に野菜を持っていった。市場で高級スーパーのバイヤーと出会い、産直野菜として納入する。すると、一本の大根が一八〇円になったのである。しかも、年間契約だった。

「ほんの少し、考え方を変えるだけで農産物を高く売ることができた。以後、私は自分がやっていることは農業でなく食材製造業だと思うことにした」

そして、彼が進出したのがカット野菜の販売。現在、スーパーやコンビニに行くと、千切りキャベツ、レタスのサラダ用カットなど、さまざまなカット野菜が並んでいる。木内はその先駆けともいえる、洗いごぼうのカット野菜を工夫した男だ。

「ある日、大根を卸しているスーパーに挨拶にいったら、従業員のおばちゃんがバックヤードで忙しそうに働いていたんです。狭い空間のなかで、泥付きごぼうを洗い、適当な大きさにカットしてから袋詰めしていた。思わず、声をかけたんです。

『おばちゃん、そんなこと、オレがうちの畑でカットして、袋詰めして持ってきてやるよ』

おばちゃんたちは嬉しそうでしたね」

彼が持っていったカット野菜は大ヒットした。掘りたてで新鮮、シャキシャキしていた。消費者にしてみればたわしで泥を落とすのは面倒な手間だったのである。また、生産者にとってもカット野菜はありがたいものだった。ごぼうでも先が細いものは商品にならず、泣く泣く廃棄していたのである。ところが、カット野菜にすれば先の方の細い部分も商品になる。生産者にしてみればロスが減るのがカット野菜だった。また、流通側にとっても長いままのごぼうよりも、パック詰めになったものの方が運びやすい。カット野菜は手抜き商品と思われているけれど、消費者、生産者、流通業者にとって「三方よし」の商品なのである。

木内は言う。

「カット野菜は菌数管理もされていて、汚染した水で洗うこともない。日付を選んで買えば、家庭の冷蔵庫に長く置いてあった野菜よりも、はるかに新鮮ですよ」

日本の〝芸術品〟を海外へ

和郷園はカット野菜を皮切りに次々と新商品を企画、開発していった。冷凍加工センターを建てて、冷凍野菜を売り出した。切り干し大根など、昔からあるドライ野菜のセンターもつくった。いずれも近所の農家のおばちゃんたちを雇用している。減農薬の野菜にも取り組み、ロスになった野菜くず、畜産の糞尿で、たい肥を生産している。たい肥は自分たちの畑で使うとともに、商品として販売もしている。

そして、木内は日本の農業の将来について、講演を続け、メディアに発信している。

「いまの農業の問題はやっぱり後継者ですよ。後継者が入ってこられるようなちゃんとした産業にしなければならない。それには各農家の売り上げを上げることしかない。農業を食材製造業と考える。そうして地域の産業として定着させる。そうすれば後継者はやってきますよ。でも、そのためには野菜の新商品を作り、どんどん海外に輸出していく。海外への輸出もうちは始めていますす。日本の農産物って芸術品ですよ、こんなおいしいもの。芸術品を食べられることが消費者にとって大きな利益です」

木内の小さなコンセプトは農家の生活を向上させて、後継者を育てること。そうすれば海外に活路を見出している日本のメーカーにも負けないと思っている。

第二章

大切にしている言葉

原 辰徳　元読売ジャイアンツ監督

ふとんのなかで考え事をするな

監督は批判の的にしかならない

プロ野球やサッカーの監督ほどつらい職業はない。試合に勝っても、ほめられるのは選手で、負けた場合はすぐに監督の責任にされる。負けた翌日は朝起きるとすぐに自分の悪口を読まなくてはならない生活である。

ジャイアンツの原辰徳元監督もまた過酷な毎日を送っていた。しかし、歴代の監督に比べればそれでもまだ顔色が良く見えた。いったいどうやって、原氏は落ち込みそうになる自分の気持ちを立て直しているのか。

巨人番をしていた、ある新聞記者が私に教えてくれた。

「原さんはお父さん（原貢氏）の言葉を守っているんだ。だから過酷な戦いの日々を乗り越えることができた」

原監督の父は中学生だった息子が悩んでいる顔を見て、「いいか、これだけは守れ」と言った。

「ふとんのなかで物事を考えるな。もし、考えることが必要ならば、起きて、机の前に座って考えろ」

金、仕事、異性関係、他人からの噂話…、人生における悩みは多い。ふとんのなか、あるいはベッドに入って、眠りにつこうとするときに限って、そういった悩み事が頭のなかで膨れ上がる。悩みは悩みを呼び、考え込むうちにさっぱり眠れなくなってしまう。毎晩のように、それが続くと睡眠不足になり、判断能力も衰えてしまう。原監督の父親ははっきりとした対処法を伝えた。

「眠る前に考えることにロクなことはない。それよりも、さっさと体を休めて、どんなつらい状況でも健康体で、頭をすっきりさせて立ち向かうのだ」

これは、私がもっとも好きな小さなコンセプトで、悩んでいる人たち、特に思春期の若い人に伝えてあげたい。

スティーブ・ジョブズ　アップル創業者

Stay hungry, Stay foolish

一艘のタグボートがある編集部を訪ねる

スティーブ・ジョブズが亡くなった後、テレビのニュースでは彼がスタンフォード大学の卒業式（二〇〇五年）で行なったスピーチの映像が流れていた。スピーチの最後に彼が「自分が信奉する言葉であり、生き方の指針」と言っていたのが次の文句である。

「Stay hungry, Stay foolish」。

翻訳された日本語をいくつか見たけれど、「ハングリーであれ」については、そのままでいいと思ったが、問題はStay foolish の訳し方だ。「愚かであれ」とか「愚直であれ」となっていたけれど、この言葉の本当の意味はどちらもあてはまらない。

この言葉を考え、ジョブズに多大な影響を与えた男はスチュアート・ブランドというアメリカの編集者である。スチュアート・ブランドは『ホール・アース・カタログ』という七〇年代を代表するカウンターカルチャーのカタログをつくった男で、「Stay hungry, Stay foolish」は彼がカタログに載せたメッセージだ。

一九九三年、私は同カタログの編集部を訪ねた。編集部はサンフランシスコからゴールデンゲートブリッジを渡った対岸のサウサリートにあり、雑草の生えた空き地みたいなところに建つ木造の一軒家だった。驚いたのは前庭にエンジンを外した一艘《そう》のタグボートが置いてあったこと。彼らはなかを改造し、編集室として使っていたのである。当時、顧問になっていたスチュアート・ブランドはわたしと握手をした後、そのままどこかへ行ってしまい、その後は弟子にあたる編集長がいろいろ教えてくれた。

わたしは編集長に、「どうして、船のなかで仕事をしているのですか?」と聞いたら、彼はニヤッとして、言った。

「あれはスチュアート・ブランドが前に暮らしていたタグボートなんだ。彼はあのボートのキッチンに座って仲間と一緒に『ホール・アース・カタログ』をつくった。だから、僕らもそうしている」

そして、あの言葉をしめくくりにつぶやいた。

「これが“Stay hungry, Stay foolish”ってことさ」

Stay foolishとは「愚直であれ」という意味でもなければ、「愚かであれ」でもない。

「バカげたことでもやらないと、世の中は変わらないんだぜ」というメッセージだ。

スティーブ・ジョブズが言いたかったのは、つねにハングリーで、バカげたことに熱心でなければ世の中は変えられないということである。つまり、自分を日々変えることが世の中の変革につながると言いたかったのだろう。

スチュアート・ブランドとその後継者、スティーブ・ジョブズはStay foolishという生き方を通して世の中を変えた。

コリン・パウエル　米国元国務長官

生活のなかから湧き出る真理をもとに行動する

パウエル十三カ条のルール

アメリカ人で元国務長官のコリン・パウエルは自らの行動指針をわかりやすい言葉としてまとめている。名言や箴言《しんげん》を記憶しているビジネスマンは少なくない。しかし、いくら偉人や名経営者の至言であっても、しょせん、それは他人の言葉であり借り物の言葉だ。「はじめに」にも書いたけれど、名言集は、名言集以外のさまざまな本や体験からピックアップして、自分で編むものだと思う。

コリン・パウエルがやったように、表現は素朴でかまわないから、生活から湧き出た真理を自分自身で文章化してみる。その方が実際に役に立つし、リアルに心に響く。偉人の名言集を買ってきて、そのなかからスピーチのネタを探すより、名言を参考にして、自分自身の行動指針をつくる。

コリン・パウエルはニューヨークの生まれである。ニューヨーク市立大学からアメリカ陸軍に入隊して、最後はアフリカ系アメリカ人では歴史上初めて統合参謀本部議長となる。その後、湾岸戦争を指揮し、ブッシュ政権の国務長官に選ばれる。国務長官は日本でいえば外務大臣だが、アメリカ政府においては大統領の次に強い権限をもち、副大統領をしのぐ存在だ。そして、バラク・オバマが大統領に就任するまで、「大統領にもっとも近い場所にいるアフリカ系アメリカ人」と呼ばれた男である。

パウエル元国務長官は行動に際して、戒《いまし》めとなるルールを十三カ条の短文にした。

一、何事も思っているほどは悪くない。朝になれば状況は良くなっている。
二、まず怒れ。そしてその怒りを乗り越えよ。
三、自分の地位とエゴを同化させてはならない。でないと、立場が悪くなったとき、自分も一緒に落ちていく。
四、やればできる。
五、選択には細心の注意を払え。それが現実になるかもしれない。

六、良い決断をしたら、それをくじくような事実にも挫折してはならない。
七、誰かのかわりに選択することはできない。誰かに自分の選択をさせるべきではない。
八、小さいことを検証せよ。
九、成果を独り占めするな。
十、つねに冷静で、かつ親切であれ。
十一、ビジョンをもち、自分に対してより多くを求めよ。
十二、恐怖心にかられて悲観論者の言うことに耳を傾けるな。
十三、つねに楽観的であれば、力は何倍にもなる。

わたし自身はこの言葉を毎年、新しい手帳の一ページ目に記した。そして、次の年からは全部を写すのではなく、「今年はこのことを大切にする」と決めた言葉だけを抜き書きして、他に、わたし自身が考えた戒めを加えた。一〇年ほど、その作業を繰り返し、いまも残してあるパウエルの言葉は「朝になれば状況は良くなっている」「怒りを乗り越えろ」「誰かに自分の選択をさせるべきではない」の三つとなっている。

牧 伸二　ウクレレ漫談家

わかりやすい生活感あふれる日本語で伝える

ホステスの心をつかむネタを日々考えた

「あーあ、やんなっちゃった」のフレーズで知られるウクレレ漫談の人である。彼の語ったことを知ると、他人に教わったのではなく、自らの体験から思索を深め、芸や人前での話し方を身につけたことがわかる。

芸人としての下積み時代、キャバレーで舞台に立ちながら、牧伸二はどうすれば、客が話に耳を傾けてくれるかを考えた。

「キャバレーでは、男性の酔客が女性のホステスといい気分で話し込んでいる。舞台なんてまず、絶対に見ていない。ならばこそ、女性のホステスの皆さんの気持ちをぐっとつかむようなネタ、芸をやればいい。ホステスの方が、目を向ければ、男性もこっちを見てくれる。

僕の体験的発見です。

大きな声で、わかりやすい生活感あふれる日本語で、それでいてパンチが効いた表現で、不快感無く、ずっと、こっちは三枚目のバカに徹する。ホステスさんは毎晩、僕の芸を見るから、ネタは毎日変化させなきゃいけない。彼女たちの苦労にも敏感になりました。朝から晩まで、真剣に周りを見て、音、声、風、じっと耳を傾けるようになりました」

話し方のエッセンスは彼の言葉のなかにある。

「大きな声で、わかりやすい生活感あふれる日本語で、それでいてパンチが効いた表現で」しゃべること。そして、話す内容を思いつくためには普段から「自然の音、人の声、世の中の風向き」に耳を澄ます。

牧伸二が亡くなるまで、現役で仕事を続けていられたのは自分の頭で考えた小さなコンセプトを大切にもち続けていたからだ。

樋口武男　大和ハウス工業会長兼ＣＥＯ

名言はかみ砕いて身体に刻む

永平寺の水五訓

大和ハウス工業の会長兼ＣＥＯをしている樋口武男は二冊のロングセラーをもっている。『熱湯経営　大組織病に勝つ』『先の先を読め　複眼経営者「石橋信夫」という生き方』（どちらも文春新書）。

熱湯経営、複眼経営者という磁力のある言葉をタイトルに使ったことがロングセラーになった要因と思われるが、中身もまた非常に真摯《しんし》なものだ。経営者の自伝によくある自慢話のオンパレードではなく、彼が仕《つか》えた大和ハウス創業者、石橋信夫への思慕と学んだ知恵がつづられており、「経営の要諦はすべて石橋信夫から教わった」と書いてある。

樋口は石橋の経営判断と行動を間近で見ていた。いまも、あらゆる局面で師から学んだことを思い起こして、経営しているのだろう。

『熱湯経営』の冒頭に、樋口が曹洞宗《そうとうしゅう》大本山である永平寺の管長から聞いた「水五訓《みずごくん》」の話が載っている。

水五訓とは次のようなものだ。

① 自ら活動して他を動かしむるは水なり。
② 常に己れの進路を求めて止《とど》まざるは水なり。
③ 障害に逢ひて激して勢力を倍加《ばいか》するは水なり。
④ 自ら潔くして他の汚濁を洗ひ清濁合せ入るる量あるは水なり。
⑤ 洋々として大洋を充《み》たし発しては蒸気となり、雲となり雨となり　雪と変じ霰《あられ》と化し凝《ぎ》しては玲瓏《れいろう》たる鏡となり而《し》かも其性を失はざるは水なり。

恩師の考えをもとにやさしく〝翻訳〟

立派な言葉ではあるが、文語調の文章を読んで、すぐに理解できるのはごく一部の人間しかいない。樋口は文語調の教訓をただ引用するのではなく、読者に言葉の本質を伝える工夫をしている。

それは石橋信夫が水五訓をやさしく解説していたからだ。樋口はそれを援用している。

たとえば、次の通り。

「自ら活動して他を動かしむる。――言わんとするところは、率先垂範《そっせんすいはん》である。自分は座ったままで、部下や同僚にああしろ、こうしろと言っても、誰も動くはずがない。みずから活動して模範を示すことによって部下や周囲を引っぱっていくのでなければ、仕事は進まないものである」

以下、つねに己の進路、という文章については「人はみな、みずからの道を拓《ひら》いていってもらいたい」。

障害に逢ひて、については、「水の流れもダムという障壁にさえぎられると、その力を満々と内に蓄えてゆく。蓄積された力があるからこそ、いざ解放された時に巨大なエネルギーを発揮する」と解説する。

自ら潔くして、については、「われわれの人生の目的はかならずしも一つではない。（略）さまざまな水をひとつにまとめて企業の目的に集約してゆくのが、管理者の責任ではないか」。そして最後の、発しては蒸気となり、については、「水は温度の変化によって、また器の形によって次々とみずからの形を変えていく。しかし、その本性は一切変化することがない。私たちもまた、変化に柔軟でなくてはならない」と説いてみせる。

人はさまざまな言葉、名文句に影響を受ける。しかし、古今東西の箴言、禅の用語などをそのまま理解することは決してやさしくはない。そんなとき、樋口のような名解説者がいれば、理解が進む。言葉を身体にきざみ込むにはただ読むだけではダメだ。名文句を言葉通りに実践している人から解説してもらうのがいい。

中尾ミエ　歌手

理屈をこねる前に一歩を踏み出せ

森繁久彌の色紙

樋口武男に石橋信夫という師がいたように、歌手の中尾ミエにもひとりの尊敬する先達がいた。国民栄誉賞を贈られた俳優、森繁久彌である。

森繁が中尾ミエに教えたことはひとつだ。

「千の理屈よりも、まず一歩を踏み出せ」という真理である。

彼女の著書『可愛いＢ《ば》ａ《あ》～Ｂ《ば》ａ』（法研）には、こうある。

「グダグダ理屈をこねる前に、動き出さなきゃ。わかっていても、面倒くささが先に立つことがあるでしょ。そんなときのわたしのバイブルを紹介します。森繁久彌さんからいただいた色紙、胸にしみます。

意味もなく今日が終り
びっくりするほどのこともなく
明日があける
でも　ひと言　君にいうなら
君のどこよりも大事なものが
足音もなく背中のあたりを過ぎてゆく
たった一つのことでいい
納得することをしろ　或は読め
或は歌え　或は聞け
起きている間に　それが君の時間だ」

樋口が引用した「水五訓」も森繁久彌の指針も言おうとしていることはひとつだ。

「言葉よりも行動を」

行動を先延ばしにするために理屈を並べるのは「考えること」ではない。もし、営業マンが結果を得ようと思ったら、理屈を並べる前に電話の一本をかけることだ。そして、行動しながら、考える方向を転換したり、深めることだ。

朴《パク》 智《チ》星《ソン》　韓国の元サッカー選手

つねに「今日、死んでも悔いはない」と思ってプレーする

京都時代にカズが目をかけてくれた

朴智星は韓国の元サッカー選手だ。同国代表として活躍し、香川真司が日本人として初めて入団する前から強豪マンチェスター・ユナイテッドでレギュラーだった。朴のプロ選手としてのスタートは日本である。韓国の大学を卒業した後、京都パープルサンガでキャリアを開始した。

朴はこんなことを語っている。

「日本人のイメージは良くなかった。若くてとんがっていたときに来日したこともある。私の頭のなかには学校で日本について習っていたことがあったから、日本人に対しては、いい気持ちをもっていなかった」

それが、ある選手から声をかけられ、いろいろ教わるうちに変わっていった。

「当時、同じチームにいたカズさん（三浦知良）は毎日、コミュニケーションしてくれたし、僕が悩んでいたときも相談に乗ってくれた。尊敬する人です」

朴はカズのプレーにも魅了されたが、態度や考え方について学んだことが大きかった。

「私は彼に言いました。『カズさんは人生の師です。カズさんのようになりたいです』と。するとカズさんは真顔になって、こう教えてくれました」

「いいかい。智星、自分の国以外でプロサッカー選手として生き残るのは大変なことだ。じゃあ、最後までサバイバルできる選手にもっとも必要なものって何かわかるかい？ サッカーの技術じゃない。そのクラスの選手の技術はみんな同じくらい高い。大切なのはサッカーへの情熱、献身、毎試合、『今日、死んでも悔いはない』と思ってプレーすることだ。サッカーに人生をかける選手だけがプロとして生き残ることができる」

カズは続けたという。

「ブラジルでは貧しくて、ブラジル人なのに一生、スタジアムに来ることができない人が大勢いる。ブラジル人にとってサッカーを見ることができないなんてのは悲劇だ。

オレはそれを知っている。

だから、ブラジルでの試合のとき、オレは試合前に必ずスタジアム全体を見回した。そして、思った。このなかで、いったい、何人の人が一生に一度だけの試合を見にきたのだろうか、と。すると全身にアドレナリンがあふれてきてケンカした直後みたいに身体が震えてきて鼻の奥がツーンとしてくる。オレはそのまま試合開始のホイッスルを待つんだ。うまくは言えないけれど、これがオレのサッカー人生だ。智星が本当にサッカーを愛しているのなら、とことんまで愛してやれ。智星のプレーでぜんぜん違う国の人々を熱狂させてあげるんだよ。それは本当に素晴らしい経験だと思う」

朴はカズに習った心構えを忘れずにプレーをした。漫然と試合開始を待つのでなく、頭を垂れた後、スタジアムを眺め、サッカーに魂を込めた。

朴のエピソードからわかることは日課や慣習になっている行為を新鮮な気持ちで受け止めるということだ。日々、新鮮な気持ちになることはいくつになってもできることだ。それを忘れてはいけない。

宝塚歌劇団

ブスにならないためには自立しろ

伝説の二五箇条

東京駅の八重洲口前にあるアンチエイジングのクリニックへ行った。中年男性向けのそれで、肌と毛髪のケアでは知られた診療施設である。患者としてではなく、院長に取材に出かけたのだが、通された待合室の壁に次のような文句が書かれた紙が貼ってあった。

「ブスの二五箇条」
一、笑顔がない。
二、お礼を言わない。
三、おいしいと言わない。

四、目が輝いていない。
五、精気がない。
六、いつも口がへの字の形をしている。
七、自信がない。
八、希望や信念がない。
九、自分がブスであることを知らない。
一〇、声が小さくイジケている。
一一、自分が最も正しいと信じ込んでいる。
一二、愚痴をこぼす。
一三、他人をうらやむ。
一四、責任転嫁がうまい。
一五、いつも周囲が悪いと思っている。
一六、他人に嫉妬する。
一七、他人に尽くさない。
一八、他人を信じない。

一九、謙虚さがなく傲慢である。
二〇、人のアドバイスや忠告を受け入れない。
二一、なんでもないことに傷つく。
二二、悲観的に物事を考える。
二三、問題意識を持っていない。
二四、存在自体が周囲を暗くする。
二五、人生においても仕事においても意欲がない。
宝塚歌劇団　伝説の教え

この二五箇条は誰が作ったかはわからないけれど、宝塚劇場の舞台裏に貼り出されてあったものとされている。

ブスにならないための教えだから、女性のための教訓かと思ったが、これはビジネスマンが読んでも「なるほど」と感じるものばかりだ。要は、ブスにならないためには、礼儀正しくする、快活でいる、他人を気遣い、人の話に耳を傾ける。つまりは自立しろ、子どもっぽい行動はとるなということではないか。

通底するのは鉄道王の処世訓

クリニックの院長は誰が読んでも役に立つと感じたから、男性患者だけがやってくる待合室に二五箇条を掲げたのだろう。

それにしても、わたしは思った。

「この文句を書いた人は、確実に小林一三の影響を受けている」

小林一三は阪急電鉄、阪急百貨店、東宝の社長を務めた。戦前に商工大臣、戦後に国務大臣として働いた政治家でもある。

そして、宝塚歌劇団の創設者でもある。郊外の土地を宅地として開発し、沿線に遊園地、宝塚歌劇団、動物園などをつくった。沿線の地域開発をすることによって、人のいないところに人を集めることを考えた。単に線路を延ばしていって、運賃収入を上げようとしたのではなく、何もないところに線路を敷き、同時にそこに人が住むところ、人が遊ぶところなどを創出した。それまでの私鉄経営とはまったく違う工夫をして、新しい経営モデルを創った男だ。アイデアマンであり、かつまた厳しい経営者だった。

小林は三井銀行のサラリーマンから転職して、阪急電鉄（当時は箕面有馬電気軌道）の経営者になっている。最初からベンチャー企業を起こしたのではなく、大企業のサラリーマン、中間管理職も経験している。そのため、彼の言葉は、経営者としての上から目線の処世訓ではない。

出世、職場の人間関係、蓄財といったサラリーマンや中間管理職が本音で知りたいことについての、ためになる言葉を残している。

そして、彼の言葉をよく見ると、「ブスの二五箇条」と同じように、自立する大切さを説いている。

たとえサラリーマンとして出発しても、いつまでも雇われる身ではいけない、夢をもてと叱咤激励している。これから事業を起こそうという人間、これから社会に出る学生には非常に気になる言葉ばかりだ。

「金がないから何もできないという人間は金があっても何もできない人間である」

「下足番を命じられたら、日本一の下足番になってみろ。そうしたら、誰も君を下足番にしておかぬ」

「出世の道は信用を得ることである。

一、正直でなければならぬ。あの人には気を許すことができないと言われるようでは、信用は得られぬ。

二、礼儀を知っていなければならぬ。粗暴な言辞、荒っぽい動作では、これまた信用は得られない。

三、ものごとを迅速、正確に処理する能力がなければならぬ。頼まれた仕事を催促されるようでは、やはり信用は得られない」

いずれも、小林一三が残した言葉だ。「ブスの二五箇条」には、小林が大切にした人生のエッセンスがふりかけてある。

宝塚歌劇団の団員には「どんな役でも真摯に務めなくてはならぬ」とも言ったという。下足番をやるなら日本一になれという言葉と同じ気持ち、同じ文脈ではないか。

そして、彼の考えがもっとも端的に表れているのが次の名言だ。

「人に頼り、人に期待するのがいちばんいけない」

自分の足で立て。明治男の気骨とはそういうものだったのだろう。

第三章

相手の心をつかむ

新浪剛史　サントリー社長

自分の成績ではなく客を見てモノをつくる

歪んだ「プロ意識」の定着

新浪剛史は三菱商事からローソンに移り、四六歳で社長になった。畑違いの会社で、かじ取りをまかされたが、おいしいおにぎりの開発で実績をあげ、いまでは押しも押されもしない実力社長となり、現在はサントリーのトップとして働いている。

彼はおにぎりを開発していたとき、ダイエー時代の商品部の人間がもっていた「プロ意識」が客の存在を忘れたものだと指摘し、叱責したことがある。

「お客様を見ていないということに尽きますね。いわゆるプロだと言っていた連中がプロじゃないんですよ。ダイエー系だったので、『For the customers（顧客のために）』というスローガンを掲げていたけれど、ぜんぜんできていなかった。『いつまでに新商品を出さなきゃいけない』と追われるだけで、期限に間に合わせることがプロの仕事だと思っている。本来、お客様を見て、徹底的に考え抜いていかなくちゃいけないのを怠っていたんです。それも、お客様が求めているものじゃなくて、粗利益が取れるものを店舗に流していた」

どうだろうか。

新浪が言っているようなことをして、成績を上げている社員はいくらもいるのではないか。

「それがプロだということになっていた。とんでもないですね。粗利の高いものをどんどん流して仕入れてもらえば本部利益は上がるかもしれないが、お客様からそっぽを向かれてしまったらおしまいなんです。商品力云々の前に、こういう仕入れの考え方とか、メーカーとの関係にしてもリベート中心の考え方とか、そういう歪《ゆが》んだ『小売りの流儀』が幅を利かせていた。これはまずいと思っていました」

成績を上げている社員がイコール、プロ社員であると規定できないのは、自分の成績のために客を見ていなかったり、短期的な数字だけを考えている人間がいるからだ。

また、新浪は従来通りの仕事を忙しそうにこなしている社員のことを評価していない。

「僕は商品部をパージしましたから。商品部を信じていなかったから、誰ともほとんどコミュニケーションしなかった。お客様の方を見ないという悪習にどっぷり漬かった商品部はダ

メだと。（略）
ただおにぎり屋では大きく成功しました。この成功で実績をつくったことで、社内では不動の地位を得ることができた」
新浪が言いたかったことはプロ意識を勘違いするなということだ。仕事を効率的にさばくのがプロではなく、自分の仕事を疑い、従来通りのやり方を変えることがプロなのだ、と。

齋藤尚之　元シネマッドカフェ店主

「いつもと同じ」を徹底する

オーダーミスのふたつの原因

「神接客の男」と呼ばれるウェイターがいる。その男、齋藤尚之はスカイツリーのすぐ近くにある「シネマッドカフェ」の店主だ。その店は席数が一九の小さなカフェである。齋藤は以前、赤坂の老舗イタリアンレストラン「グラナータ」の専務取締役だった。グラナータはしゃぶしゃぶと日本料理の店「ざくろ」のグループで、齋藤は自主的にやめるまで、サービス全体の司令塔だった。

だが、「最後まで現役のサービスマンをやっていたいから」と生まれ故郷の押上に戻り、妻とふたりでシネマッドカフェを経営していたが、近頃閉店。自宅が立ち退きにあい、新しい店舗を探している。

彼はサービス、接客について、こんなことを言っている。

「ざくろグループでは接客を重要視していました。上司からつねに言われていたことは次のようなことです。

『お客様がしてほしいことをしてさしあげる。それがサービスだ』

この言葉を肝に銘じて覚え、そして実践する。新人は研修が半年はあります。頭で考えてから行動に移すのではなく、自然に身体が動くようになるまで接客の研修が続きました」

ざくろグループでは「スタンドプレーのようなサービスはやらない」決まりがあった。

昨今、ホテルやテーマパークでは「サプライズサービス」を行なうところが増えている。客に内緒で、突然、歌や踊りを披露したり、物品をプレゼントしたりするサービスだ。しかし、齋藤は「それはスタンドプレーだ」と考えている。

「サービスは腕試しの場ではありません。いつも同じ接客をすることが大事なのです。

私がサービスマンとしていちばん嬉しい言葉は『サプライズでびっくりした、でも、ありがとう』ではありません。

『おいしかった。いつも通りだね』と言われることです。私たちは毎回、特別なことをしてさしあげることはできません。毎回、どなた様にも同じ味、同じ接客をいたします。ですから、『いつも通り』という評価がいちばん嬉しいのです」

神接客と呼ばれる齋藤でも接客のミスをしたことはあった。新人の頃はオーダーを間違えて、上司から怒られたという。しかし、彼が偉かったのは、原因を突き詰めて考えたことだった。そして、オーダーミスの原因はふたつあるとわかった。

「オーダーを復唱すること、メモを取ること。このふたつをちゃんとやらないと、イカスミとカラスミを取り違えたり、パスタの種類を間違えたりします。

たとえば、おふたりの方がいらっしゃって、ひとりがボンゴレ、もう一方がペンネ・アラビアータを注文されたとします。運んできたウェイターが『ボンゴレはどちら様ですか？』と聞いた時点で、それはもうミスなのです。お客様が注文したものをちゃんと覚えていないのですから」

月に一度「サービスのいい店」に行く

サービスマンとしての齋藤が実践している小さなコンセプトは「客の立場に立って接客を考える」ことだ。

彼は管理職になってから現在に至るまで、月に一度は自腹を切って、「サービスがいい」

とされる店へ食べにいっている。高級店へ行くとき、ひとりではおかしい。そんなときは妻と一緒に食事をしにいく。

実際に身銭を切って客になってみると、さまざまなことがわかってくるものだ。

「自分が客となって気づいたことは自分の店のサービスを向上するためのヒントにしました。たとえば、私が店長だった店では従業員同士が並んで立つことはやめさせました。お客様は従業員同士が寄り添って話をしているだけで、自分のことが話題になっているのではないかと疑心暗鬼《ぎしんあんき》になってしまう。ですから、お客様の気持ちを察して、並んで立たないようにしました。

また、お客様が少なくて、従業員が手持ち無沙汰なとき、三〇秒たったら、立ち位置を変えるよう指導しました。

ウェイターに必要なのは身のこなしが早いことです。お客様のテーブルへ向かう際、直立している状態から動き出すのと、動いている状態から行くのではスピードが違います。そこで、つねに立ち位置を変えて、動いているようにしたのです」

彼が毎日、部下に注意したのは「最初と最後の客に気をつけろ」である。

「最初のお客様が入ってきたときに店の空気が弛緩《しかん》していると、料理を食べてもおいしく感じません。また、お客様がいる間はたとえ、クローズ間際でもゆっくりと食事をしていただく。テーブルの上から調味料を片づけたり、これ見よがしに洗い物を始めるなんてことはもってのほかです。

私が申し上げたことはいずれも重箱の隅をつつくようなことばかりです。でも、自分が客だったら嫌だなあと感ずることなんです。事実、こうしたことは他の飲食店で私が食事したときに感じたことでした。もっと言えば、気づかずに私自身がお客様に対してやっていたに違いないことなのです。それは改善しなくてはいけません。

ただ、私自身は他の店で嫌なことがあったとしても絶対にクレームを言ったりはしません。なぜなら、食事の途中で苦情を言った場合、仕返しをされるのは困りますし、何より、クレームをつけると、他店のサービス改善に協力することになってしまう。ライバルにそこまでする義理はありません。私は客としては性格が実に悪いですね」

彼は客としては性格が悪い、しかし、サービスマンとしては日本一だ。

光山英明

肉山社長

営業とは卸したお店の客までフォローすること

買う側になって初めて自分の未熟さを実感

肉山は吉祥寺にある肉料理を出す店だ。いまの肉ブームをつくったとも言われるところで、開店してもうすぐ五年になる。牛肉、豚肉、馬肉の赤身を焼いたものを六種類。野菜類、最後にカレーか玉子かけごはんのコースで一人前五〇〇〇円。肉の量はだいたい三五〇g。予約は取りづらい。六月にはすでにその年の暮れまで席は埋まっている。

主人の光山英明は焼き肉の本場、大阪生まれ。これまで五〇店舗以上をプロデュースし、すべてを繁盛店にした。

光山は言う。

「肉山という名前の店は他にいくつもあります。その他、ホルモン焼き、和食店などを合わせると五〇店になりますが、チェーンではありません。店長をやっていた人間に店を譲り、その代わりに毎月の利益のなかからお金をもらう。飲食店は『経営者になって、なんでもやってやろう』と思わなければ売り上げは伸びていきません。そこで、僕は開店した店が軌道に乗ってきたら、店長に言います。『このままサラリーマン店長をやるのか、それとも独立するか』。

そうすると、たいていは独立する。死ぬ気になって頑張るから給料はだいたい二倍になる。僕がもらうのは余った金額だけです」

光山が始めたのは、これまでの常識とは異なる飲食店グループの経営方法だ。つまり、彼の会社の収入は「肉山」一店舗の売り上げプラス残りの店舗からもらう経営サポート料である。しかし、店長たちはいずれも光山に育てられた人間であり、しかも独立して成功している。反旗を翻したり、脱退することはない。利益は少ないけれど、確実な収入なのである。

彼の小さなコンセプトはふたつある。

ひとつは営業マンとして知ったこと、もうひとつは経営者として忘れてはならないことだ。

光山は東京の大学を出た後、出身地の大阪に戻り、飲食店に酒を卸す小さな酒販店に入った。従業員は五人。光山の仕事は大阪の下町にあるバー、スナックにウイスキー、ブランデーを売ることだった。

「社長から指示されたのは『売価を安くして営業したらあかん』。安売り合戦になったら、たとえ取引ができても儲かりません」

彼は考えた。まずは店のママと話ができるようにしよう。

「毎日、夕方になるとスナックのあるビルの近くに行って、電柱の陰に隠れました。ママがおつまみやトイレットペーパーを買って出勤してきたら、後ろから走っていって、同じエレベーターに乗る。『ママ、おはようございます。荷物は持ちますわ』と言って、店まで運ぶ。それでやっと営業です。そうやっているうちに人間関係ができてきて、『光山くんが持ってきてくれるなら、ウイスキーもブランデーもあんたのとこに頼むわ』となる。営業は人間関係が大事だとそのときは思ったのです」

光山は一〇年間、働いた。会社のナンバー2になり、売り上げも五倍に伸ばした。

その後、上京して飲食店を始めるのだが、自分が酒販店から酒を買う身になって、「営業マンとしてはまだまだ未熟だった」ことがわかったという。

「大阪時代、売り先と人間関係をつくるのが営業だと思いました。しかし、それは営業マンと店主だけの関係に過ぎなかった。お客さんを見ていなかった。店に売っておしまいではなく、営業マンはお客さんまでフォローしなきゃいけない」

営業マンには店まで来てもらう

そのときの反省から光山は店にやってくる酒の営業マンと緊密に協力して客の好みをつかんでいる。

「うちに来る酒の営業マンは昔の僕ですわ。どうしても気になるから、一緒になって営業を考える。『光山社長、キャンペーンなんです。ウイスキーを一〇本買ってください』と言われたら、『わかった、買う。その代わり、一本目とラストの一〇本目をお客さんが飲んでる姿を必ず見にこいよ』。

おいしい酒だったら、すぐに売れます。営業マンも嬉しい。ところが、そうでなかったら、一〇本売るには時間がかかります。営業マンもつらいでしょう。でも、そこを見なきゃいけない。売っておしまいではなく、どう飲まれているかを自分の目で確認しなくてはならない。だから、僕は営業マンに来てもらう。そして、売れない酒を売るための工夫を一緒に考える。それが僕のやり方です」

光山はまったくの素人から店を出した。しかも出身地であり、社会人として実績を上げた大阪ではなく、東京の吉祥寺を選んだ。それはひとつ、決めたことがあったからだ。

「友人・知人をあてにせず、どんな人も平等に接する店にする」

普通の店は、社長や有名人を優遇する。優先して席をとったりする。また、友人・知人が店ででかい顔をすることを許している。しかし、光山はそれが嫌だった。

「笑福亭鶴瓶さんのポリシーが『お客さんは平等』なんです。偉い人だからといって、余計に笑わせたりはしない。お金を払ってくれた人はみんな平等なんです。お店も同じ。偉い人や友人・知人だけにサービスする店はいつかつぶれる。そんな店を開く意味はないと思います。ですから、うちの店には常連さんはいません。というか、常連だからと威張る人はいません。一見《いちげん》の人が入ってきたら、オレは帰るよと席を譲る人がうちでは常連です」

トニー・ブレア　英国元首相

コミュニケーションにジョークは不可欠

距離を近づけるためのユーモア

ビジネスマンにとって必要なユーモアとはどういったものだろうか。お笑い芸人を目指すわけではないから、商談中、相手に爆笑してもらうことはない。かといって、四角四面《しかくしめん》のままで話を続けていては場の空気が緊張してしまう。商談は真剣な場だけれど、かといって緊迫した雰囲気の連続では相手との距離が開いたままだ。

長く仕事をしていきたい相手とは、出会ったとたんに、ふっと微笑できるような穏やかな関係を築いていきたい。そのためには大人のジョーク、品のいい冗談を用いるべきではないだろうか。

欧米の政治家の回顧録を読んでいると、彼らにとって会話のなかのユーモアは必需品のようだ。元首同士の外交交渉のなかでもユーモアのあるやり取りが出てくる。きっと彼らにとってユーモアとは勇気、信念などと並んで大切な資質と思われているのだろう。

たとえば、イギリスの元首相、ウィンストン・チャーチルである。彼は一九四一年一二月にアメリカを訪問。ルーズベルト大統領が暮らすホワイトハウスに招かれた。

おりしも日本軍が真珠湾攻撃をした直後であり、ホワイトハウスは沈鬱な空気に包まれていた。普通の人間ならばそんなところでとても冗談などを持ち出す気にはなれなかっただろう。

チャーチルはホワイトハウスに宿泊したので、バスタブを使った。すると、お湯からあがった直後、どういったわけか偶然、ルーズベルト大統領が通りかかったのである。裸だったチャーチルはこう言った。

「大統領閣下。わがイギリスはアメリカ合衆国に対して、何ら隠すところはありません」

つらい状況のなかでもチャーチルの機知に富んだジョークに接し、ルーズベルト大統領の気持ちは癒されただろう。大人のジョークとはこういうものではないか。

チャーチルの後輩にあたる第七三代イギリス首相、トニー・ブレアもまたユーモアを解する人だった。以下は彼の回顧録に載っていた実話である。

圧勝で首相に再任された二〇〇一年、ブレアはアメリカのブッシュ大統領と初顔合わせした後、共同で記者会見に臨んだ。

あるイギリス人記者が「ふたりの共通点は見つかりましたか」とブッシュ大統領に質問した。するとブッシュは「ふたりともコルゲート歯磨き粉を使っている」と軽口をたたいたのである。横にいたブレアはすかさず、合いの手を入れた。

「どうしてそれがわかったのか、怪しまれるよ、ジョージ」

たわいもない軽口だし、かなりぎりぎりのジョークだが、それでも記者会見場は爆笑となった。そして、ブッシュ、ブレアというふたりの指導者の距離はぐっと近づいたのである。

アメリカ大統領とイギリスの首相だって、これくらいのたわいもないことを言っているのだから、普通のビジネスマンだって聞いた人が脱力するようなオヤジギャグを飛ばしても構わない。ただし、それが下ネタではなく、あくまで品のいいジョークであることが大切だが……。

小泉純一郎
日本国元首相

「堅苦しくない人間」であることのサイン

サミットの緊張を解かした一言

トニー・ブレアのような欧米の政治家には必ずこうした逸話が残っているが、残念なことに日本の首相でユーモアを駆使した人は多くはない。吉田茂、田中角栄、大平正芳といった首相には面白いエピソードがあるけれど、最近の首相ではまずそんな話を聞かない。ただし、例外がひとりだけいる。

「人生いろいろ、会社もいろいろ、社員もいろいろだ」
「この程度の公約を守れないことは大したことではない」

彼以外の首相が国会答弁で、こうした発言をしたらたちまち、野党から内閣不信任案が提出されてしまうだろう。小泉さんはなんといってもユーモアと愛嬌のある人だから、物議をかもす発言をしても切り抜けてきたと思われる。

さて、二〇〇五年、イギリスのグレンイーグルズで行なわれたサミット席上でのことだ。当時、フランスの大統領だったジャック・シラクはフランスの独自性を追求するド・ゴール主義者で誇り高い人物だった。晩さん会より以前のこと、シラク大統領は「料理がまずい国の人間は信用できない」と口を滑らせたのである。

そして、晩さん会が開かれた。ロンドン大学に留学経験のあった小泉純一郎元首相は食事が始まったとたん、シラク大統領に次のような言葉を投げかけた。

「Excellent English food, isn't it, Jacques?（イギリスのメシも悪くないだろ、ジャック？）」

テーブルをともにしていたブッシュ大統領、イギリスのブレア首相など各国のトップは天衣無縫《てんいむほう》のコイズミの発言に唖然としたが、一瞬の後、大爆笑となった。日本の首相が初めてサミットで主役になった瞬間である。さすがのシラク大統領自身も苦笑いで、テーブルの空気は和やかになったという。

　小泉元首相のような目立つ発言でテーブルの全員を沸かせなくともいいけれど、ビジネスマンが寄り集まる打ち合わせ、会食では、どこかで面白い話をした方がいい。円滑なコミュニケーションを維持、発展するには「私は堅苦しい人間ではありません」というサインを伝えることが必要なのだから。

ハロルド・ジェニーン　米国の実業家

セールスマンは清潔でなければならない

苦節の日々に学んだこと

ユニクロの柳井正が「経営の教科書」と絶賛した本が『プロフェッショナルマネジャー』だ。著者のハロルド・ジェニーンは貧しい家に生まれ、ニューヨーク証券取引所のボーイ、図書の訪問販売などを経て、通信企業ＩＴＴ（International Telephone and Telegraph）社のＣＥＯとなる。ＩＴＴ社ではアメリカ企業空前の記録と言われる58四半期連続増益という偉業を達成した。本には大恐慌で勤めていた株の仲買《なかがい》店から解雇され、セールスマンとして悪戦苦闘した日々のことがつづられている。図書の訪問販売では体重五六kgの彼が二七kgもの重さの本が詰まった鞄を持ち歩いて行商したこと、不動産広告のセールスマンとして「うんと歩き、たくさんの呼び鈴を押し、あらゆる種類のビルのマネージャーや管理人と話をし、毎晩八時か九時頃まで働いた」とある。

セールスマンのジェニーンがやったことはひとつである。販売術に関する本を買い込み、そこに書いてあった記述の通り、小さな指針を実行しただけだ。

「良いセールスマンの条件は、身なりでも口上でもなく、顧客の信頼を勝ち取る人間性そのものである。だからまず、信頼を勝ち取るために、良い人間にならなくてはならない。そしてセールスマンとして成功するには、肉体も頭脳も精神も清潔そのものでなくてはならない。そして正直で率直でなくてはならない」

いまでもそうだけれど、行商人や訪問販売のセールスマンに対して偏見をもつ人は少なくない。しかし、偏見をもつ人の対応にへこたれてしまったり、打ちひしがれてはいけない。何といっても、セールスマンを冷ややかに見る人に対して、「コンチクショー」と怒鳴りつけても、彼らが考えを改めることはないからだ。確かに、訪問販売セールスのなかには傍若無人《ぼうじゃくぶじん》な人間もいるし、いまでは詐欺商法の人間がセールスマンを装って単身の高齢者宅へやってくる。セールスマンにとってはつらく厳しい時代環境だ。しかし、そんなときでも少しの勇気をもち、まず自分自身が正直、清潔といった小さなコンセプトを守ろうとすることだ。

永島達司　キョードー東京創立者

一流には臆せず何でも聞け

ポール・マッカートニーに会う前日

わたしが直接、会って、話をした人のなかで大物と言えばポール・マッカートニーと高倉健だろう。ふたりに取材して、前者は『ビートルズを呼んだ男』（小学館文庫）、後者は『高倉健インタヴューズ』（プレジデント社）という本にまとめることができた。むろん、「本にします」と最初に断ってからインタビューしたものだ。国内海外を問わず、わたしは政治家、経済人、芸術家といった有名人にインタビューしているけれど、会いにいく途中で足が震えたのはこのふたりだけだ。そして、多少、自慢になるけれど、ふたりを口説くとき、紹介者はいたけれど、結局は自分で手紙を書き、取材のＯＫをもらった。手紙の内容も嘆願調ではなく、「こういうテーマについて直接、うかがいたい」と正直につづった。

ポールの場合は音楽家の役目とは何かを聞き、高倉健さんには俳優という仕事の中身について尋ねた。大きなテーマであり、おそらく、そういった話をふたりに聞こうとした人があまり多くはなかったから、了承してくれたのだと思っている。有名人がインタビューをＯＫするのはコネではなく、交渉力でもなく、テーマ次第で、その人が話したいことを見つけることだと思う。

さて、話はここからだ。

ポールを紹介してくれた永島達司が、わたしに大物と会って話をする際の小さなコンセプトを教えてくれたのである。

彼は海外アーティストの招へいで知られるキョードー東京の創立者で、コンサートプロモーターだ。永島が日本に呼んでコンサートをやったアーティストにはビートルズを筆頭に、マイケル・ジャクソン、カーペンターズ、エルトン・ジョン、スティーヴィー・ワンダー、レッド・ツェッペリン、グランド・ファンク・レイルロードなど枚挙《まいきょ》にいとまがない。

わたしがロンドンのポール・マッカートニーのオフィスへ向かう前の日、永島から「ちょっと会いたい」と電話があった。

「いったい、なんだろう。『しゃべることに気をつけろ』と釘を刺されるのかな」と不審に思いながら、永島の部屋に入った。

彼はこう切り出した。

「いいかい、野地くん、ポールと会ったら、遠慮せずに何でも聞いてくるんだ。あれくらいの大物になったら、あまりに丁寧すぎる応対は考えものだ。厚かましいくらいの態度でインタビューするんだ。ポールならエリザベス女王の個人的な趣味のことまで何でも平気で話してくれるよ」

この言葉はありがたかった。永島からそうアドバイスされていたから、わたしは緊張することもなく、ポールから話を聞くことができた。なかには一九六六（昭和四一）年に来日したとき、ホテルを抜け出して日本のピンク街へ行こうとしたことも含まれていた。

つまり、一流の人物と会ったときはひるんで緊張してはいけない。できるだけリラックスして、旧友に接するようにコミュニケーションする。そして、多少、図々しいくらいでかまわない。

山下達郎　ミュージシャン

相手に合わせる能力を身につけてこそクリエイター

食うために何でもやった経験が生きる

『クリスマス・イブ』『ライド・オン・タイム』など、数多くのスタンダードとなった曲で知られるミュージシャン、山下達郎。だが、シュガー・ベイブというバンドでデビューした当時はまったく売れず、生活するのも大変だった。

「とにかく食えなかった。ＣＭ音楽、コーラスボーイ、スタジオミュージシャン…。食うためには何でもやりました。音楽ライターには『金もうけ主義』と批判されたけど、ＣＭの仕事を年間、数十本やったことが、後々の役に立った。タイアップが来るようになったのは、あの時代、相手方に合わせる能力を身につけられたお蔭です」

タイアップとはテレビドラマのなかで流される主題歌などに採用されること。毎週、テレビのなかで曲が演奏されていれば視聴者はその曲を覚えてしまう。

山下達郎は「テレビに出ない」「武道館公演をしない」「本を書かない」という三つのポリシーをもっている。だが、メディアに出なければ曲を広めることができない。そこでタイアップを多用しているのだ。

「『心は売っても魂は売らない』が持論です。譲れない一線は守りますが、表現者同士のぶつかり合いのなかで、こちらが曲を書き換えることもある。『ずっと一緒さ』は、ドラマの関係者に『二〇〇回聴いたけど、これじゃない』と言われ、書き直してできた曲。映画主題歌の『希望という名の光』は、タイトルバックと合わないので、もう一度書かせてくれと言って、いまの曲になった。プロデューサーは腰を抜かしてましたけれど。

僕らがやっているのは、芸術じゃなくて商業音楽。モーツァルトの時代は、宮廷楽士たちが王様のために演奏していた。いまは、大衆というタニマチを相手に商売しなくちゃならない」

いわゆるクリエイターやアーティストは狷介《けんかい》な性格で、人の話を聞かない人物のように思われている。しかし、実際にクリエイターとして第一線にいる山下は仕事に対して柔軟だ。

本当の意味でのクリエイターとはやはり、相手の立場に立ち、相手の意見を尊重する人間なのだろう。

山下達郎は彼自身が尊敬する人間については次のように語っている。

「芸術家よりも職人にひかれますね。たとえば米屋のおじさんがはかりを使わずに一kgの米を計算して一gと差がない、といったことに、とても感動する。戦後の日本社会のなかで、黙って働いてきた匿名の人間のすごさを感じます」

せんだみつお　コメディアン

ヨイショ上手を目指すならまず今の仕事に力を入れよ

大物と付き合うコツ

せんだみつお。タレントでコメディアン。芸歴は長く、子役時代から数えると半世紀ものキャリアがある。全盛期はラジオで『セイヤング』『ハローパーティー』（どちらも文化放送）などのパーソナリティを務め、テレビでは『ぎんざNOW!』（TBS）、『金曜10時!うわさのチャンネル!!』（日本テレビ）のレギュラーを掛け持ちした。まったく寝る時間もないほどの忙しさだったという。いまでこそメディアに出る機会は少なくなったものの、俳優、司会者などで日々、活躍している。本人は自らの復活について、「氷河期を乗り越えて生き残った動物はゴキブリとせんだみつおだけ」とギャグにしている。

そんな彼の特技ともいうべきものがある。それは斯界《しかい》の大物と呼ばれる人々に愛されていること。スポーツ界では長嶋茂雄、芸能界では森繁久彌、萬屋錦之介、丹波哲郎、山城新伍、和田アキ子と何人もの大物たちから「せんちゃん」と呼ばれ、可愛がられてきた。

本人は言う。

「大物と親しく付き合うには多少のコツがあるんです」と。

企業のビジネスマンでも、どこかで財界人、政治家、文化人と仕事をする機会がある。そんなときに、せんだみつおが学んだ大物と付き合うコツを知っておくことは損にはならないだろう。

それは「ヨイショがうまいから」だ。

「レギュラー番組がなくなると、芸人はもうダメです。売れないタレントというレッテルを貼られたわけだから、死んだのと一緒です。私は仕事を取るために必死になりました。そのとき、磨いたのがヨイショの技術と話の引き出し方だったんです」

ウソはいけないが、ホントもダメ

まずは話の引き出し方だ。彼は明石家さんま、笑福亭鶴瓶のふたりのテレビを見て、研究した。

「人気のある芸人って話術だけじゃないんです。他人から面白い話を引き出す力がある。他人から話を引き出して、笑いにつなげていく。そして、話を引き出すには相手のキャラクターを観察していなければならない。ビジネスマンが会話術を勉強するなら、さんまさん、鶴瓶さんがいい。一緒に出ている庶民がみんな嬉しそうにいじられてます。コントや漫才でなく、司会などのピン芸で生きていくには話を引き出す力がいるんです」

芸人として長く生きていくにはただ面白い話をすればいいわけではなく、相手の力をうまく使う技が必要なのである。そして、ヨイショもまた相手のことを知っていなくてはできない。

他人をヨイショする場合、もっとも大切なことは、相手がヨイショに反応する人間かどうかを見分けることだという。たとえば、初対面の人に対して、何を言うか。せんだみつおはまず、相手のネクタイを上手にほめる。

「『いやあ、びっくりしました。どうしてボクの大好きな柄のネクタイをしているんですか。ひょっとしたら、ボクに気があるんですか、ナハナハ』

こう言ったとします。相手が笑ったら、その後はヨイショ全開でいく。しかし、まったく笑わない人にはもうヨイショしません。こちらも真面目に話をします」

ヨイショやもち上げられることを嫌う人も少なくない。その人にはヨイショしないことが大原則なのだ。

次の原則は「ウソはいけない。しかし、ホントもダメ」。

「ヨイショの上手な人を見ていればわかります。歯の浮くようなウソは言いません。言われた本人だって、自分のことはよくわかっています。ウソをついてもバレます。たとえば、あまりきれいではない女性に、『あなたほどの美女は見たことがありません』『スタイルもいい』などと言ったら絶対に嫌われる。下手したら、『セクハラだ』と訴えられる。ウソで相手をほめるのは逆効果です。

じゃあ、ホントのことを言えばいいのか。それもやらない方がいい。いくら真実でも相手を傷つけることはダメ。ヨイショのセオリーとして、見え透いたウソはついちゃいけない。そして、ホントのこともダメ。本人がヨイショされたと気づかないようなことを言うのが本当のヨイショ。

たとえば、あまりおしゃれだとは思われていない人がたまに高そうなスーツを着ていたりします。

『あれ、このスーツ、品がいいなあ。どこで売ってるんですか』と聞く。

『高かったでしょう』とか『ベストドレッサーですね』と直接的にほめたりはしない。『品がいい』と言っておく。どんな色だって、どんな柄だって『品がいい』という表現は使えます。それに、言われた方は『オレは品のいいスーツを選ぶセンスがある』と勘違いする。そこが付け目。普通の言葉で上手に表現するのが本当のヨイショなんです」

やってはいけないヨイショとは

こうしたことがヨイショのセオリーである一方、やってはいけないヨイショもある。その筆頭が「他人の言葉を借りてのヨイショ」だという。

「ビジネスマンのヨイショを聞いていると、考えが足りないなと思います。たとえば、こんなことを言う人がいます。

『部長、せんだ常務が部長のことをほめていましたよ』

でも、こうしたヨイショは部長が常務のことをどう思っているかでぜんぜん変わってくる。

『なにぃ、せんだ常務…。バーカ。オレはあんなやつにほめられても嬉しくない』

こんなことになっちゃう。こうした『遠回りヨイショ』はまず効きません。

似たようなヨイショですけれど、他人と比較して、相手をほめるヨイショもやめておいた方がいいでしょう。『課長のネクタイ、経理のせんだ部長よりも、よっぽどセンスいいですよ』

これもまた、経理の部長のセンスが最悪だとしたら、ヨイショになりません。仮に、センスのいい人だったとしても、歯の浮くようなヨイショになってしまう。言われた方は『こいつはウソついているな』と思うだけ。他人との比較ヨイショもやめときましょう」

そして、せんだみつおが何よりも強調するのは「芸人もビジネスマンもヨイショだけに力を入れてはいけない」ことだ。

「出世するために上司へのヨイショは必要です。しかし、ヨイショばかりしている人間は絶対に偉くならない。仕事もそこそこはできる人間でないと、上司だって引き上げることはできないんです。これ、当たり前の話ですよね。ヨイショ上手の人って、いつもいつもヨイショをしているんじゃなくて、効果的なときを狙ってやっている。

ヨイショ上手を目指すならば、まず仕事に力を入れる。そのうえで、あまり騒々しい存在にはならないようにする。これは肝心です。私もそうなりたいと思っています。ナハナハ」

第四章
提案から形へ

小山薫堂　放送作家

理詰めではなく感性を信じてもらう

企画にはマーケティングは不要

ビジネスマンにとって企画の提案、つまりプレゼンテーションは欠かせないものだ。不景気が続く現在、どんな業界であれ、コネや縁故《えんこ》を通じて仕事を取ることなど、まったく不可能だ。自分自身の実力で企画を提案し、そうして商品を売ったり、契約を取ってこなくてはならない時代なのだ。

以前のことになるが、小山薫堂、秋元康（120ページ）という当代の才人ふたりにプレゼンテーションの秘訣を聞いたことがある。そのときに聞いた、小さなコンセプトはいまなお不滅で、誰がやっても通用するものと言えるだろう。

二〇〇九年、映画『おくりびと』の脚本でアカデミー外国語映画賞を受賞した小山薫堂氏はそれだけが仕事ではない。企業戦略の策定、商品宣伝、テレビ・ラジオ番組の企画制作と、幅広い分野で活躍している。そんな彼のプレゼンに対する考え方は、一言で表せば、「バットを短く持って当てていく気持ちをもたない」ことだ。

「一般のプレゼンでいちばん多いのはマーケティング分析を十分にやり、膨大な情報を用いて企画に説得力をもたせることでしょう。しかし、そういった企画には、どうしても、いじましさがつきまとってしまい、すかっとしたヒットには結びつきません。僕（小山）は企画提案のとき、たとえ話もマーケティング分析もやりません。ただただ面白い企画を提案して、僕の感性を信じてもらうだけ。マーケティング分析は聞いている分には面白いけれど、そこからアイデアを絞り出すと、理詰めで魅力のないものができてしまう」

では、彼はプレゼンではどこに気をつけて話をすすめているのか。

「企画内容だけに気を取られてはいけません。僕は企画をやることの意義と、企画を採用した場合、クライアントにはどんなメリットがあるかを説明します。内容だけを長時間しゃべっても、相手は退屈するだけでしょう」

小山氏は企画の内容を最初からディテールまで規定しておくことはない。実行段階で提出した企画書に縛られるよりも、そのときそのときでいちばんいいものに仕上げたいからだ。

秋元 康

作詞家

提案のポイントはひとつに絞る

デメリットも謳うことが重要

秋元康氏はご存知の通り、アイドルグループAKB48をプロデュースし、大ヒットさせた人だ。以前にも、おニャン子ブームを巻き起こしたり、数々の映画やテレビドラマを制作したり、そして、美空ひばりが歌ったスタンダードナンバー『川の流れのように』の作詞家でもある。

秋元氏にプレゼンの秘訣を聞いていて、誰もが「そうか」と気づかされるのが、「提案したプランのデメリットを伝える」ことだろう。

「自分が出したプランの脆弱な部分や、企画をやることによって出てくるマイナス部分をちゃんと説明することです。それをやるかやらないかで、提案した人に対する信用というのは変わってくる。

だから、私はプレゼンでは『このプランにはこういう心配な部分があります。しかし、こういうふうに手を打てばいい』と説明しておく。世の中に完全なプランというものはあり得ないし、どんなものにもデメリットはある。しかし、大半の人はおいしい話しかしない。それは間違いです。たとえば、昔の話になりますが、なぜソニーのウォークマンが売れたかといえば、いい音がする、持ち運びに便利といったメリットだけを連呼したのではなく、『録音できない』という負の要素を声高に謳ったからです」

前出の小山、秋元両氏に共通するのは、世の中一般の人がどういったプレゼンをやっているかを把握し、それとは違うやり方を取っていることだ。だから、小山氏は理詰めのプランを組み立てようとはしない。また、秋元氏はおいしい話で盛りだくさんのプランをプレゼンすることはない。どちらも、自らの名声や経験だけに頼っているのではなく、情報の収集、分析は行なっている。そのうえで、自分のキャラクターにあった企画を立案し、提案しているのである。

また、秋元氏がつくづく、「これが大事なんだ」と呟《つぶや》いた秘訣がある。

「企画を提出するとき、ポイントはひとつに絞る」ことだ。

「『記憶に残る幕の内弁当』はありません。幕の内弁当はおかずが多いわりに個性がないから、どの店のものも全部同じに見えてしまう。つまり、世の中で企画をヒットさせようと思ったら、特徴のある一品モノじゃないとダメです。総花的な企画は記憶に残らない。あれもこれもとメリットだけを並べるのではなく、企画のへそをひとつつくること」

たとえばAKB48の企画におけるへそは「会いに行けるアイドル」という点だろう。メガヒットを連発し、アイドル人気投票で上位にいても、彼女たちは連日、秋葉原の劇場に出演し、観客の前で歌う。世間一般がデジタルなアイドルをつくり出そうとしているときに、秋元氏だけはアナログを追求している。そこがへそだ。

ふたりの才人は常に最先端の流行を生み出しているように見える。しかし、ふたりが実行してきたことを顧《かえり》みると、むしろ、流行に左右されない価値をつくり出してきたことがわかる。

藤原智美　作家

めったに出会わない他者の言葉をものにする

いい文章は刺激の多い生活から

ビジネスマンにとってコミュニケーション・スキルとして重要なのが達意《たつい》の文章を書くことだろう。企画書、報告書、契約書の下書き、覚書など、上司に言われたら、その場で書き上げるくらいのスピードが必要だ。自分ひとりで完璧なものを書こうとしなくともいい。ビジネスの文章は社内の人間の目を通してから先方へ渡されるものだから、もっとも大切なのはスピードだ。わかりやすい文章を短い時間で仕上げる。それに尽きる。

「うちに帰って文章を練ってきます」などと返事しているようでは、好機は去ってしまう。

さて、世の中には文章の書き方についての指導書はいくつもある。高名《こうみよう》な作家が書いた『文章読本』から、ビジネスハウツー本までさまざまあるけれど、わたしが選ぶのは息長く売れている本だ。人の目を引く派手な装丁の本、インパクトのある言葉をタイトルにした本ではなく、奥付を見て、版を重ねているそれにする。実用本は時代を超えて愛されているものがいい。年月の経過は実用に耐えたことを証明している。

数あるなかから二冊挙げるとして、一冊目は『理科系の作文技術』(中公新書、木下是雄)だろう。一九八一(昭和五六)年に初版が出たもので、著書は学習院大学の学長を務めた物理学者である。長年、大学生や研究者にとっては必読の書となっており、若いビジネスマンにとっても役に立つ本だ。そしてもう一冊は、藤原智美が自らの文章哲学を著した本だ。

藤原智美。福岡県生まれの作家。一九九二(平成四)年に『運転士』で第107回芥川賞を受賞。小説だけでなく、ノンフィクション作品も多く、『「家をつくる」ということ』(プレジデント社)、『文は一行目から書かなくていい』(同)はベストセラーだし、またロングセラーとしても愛されている。

わたしは本人に何度か会って話をしたことがあるけれど、彼はつねに本を抱えている。万《ばん》巻《かん》の書をひもとく人であり、加えて、町のなかをよく歩いている。さらに、映画もよく見ているし、美術についても詳しい。好奇心が強いから、行動半径も広く、それが彼の生活に彩《いろど》りを加え、文章の品格ともなっている。つまり、いい文章を書こうと思ったら、毎日、仕事、酒、スマホといった単調な生活ではなく、刺激のある生活を送ることから始めるべきだろう。自分の行動範囲ではめったに出会わない人が使う言葉に注目して、それを自分のものとする。そうして、さまざまな文章に応用することだ。

安易な形容詞は使わない

また、彼はライターから出発した作家だ。だから、彼の文章読本『文は一行目から書かなくていい』はビジネスマンが読んでも、理解できるように書かれている。

「二十四歳のころ、クルマ雑誌でユーザーレポートを書いていた時期がありました。（略）その雑誌で、あるクルマの運転席について『思いのほか広かった』と書いた原稿を編集者に見せたところ、『これではどの程度の広さなのかが読者に伝わらないよ。安易に形容詞を使っちゃダメだ』と厳しい指導を受けました。

広い、熱い、きれい、おいしい、すごい…。私たちは会話で使っている形容詞を深く考えることなく文章にも用います。しかし、ある人が『広い部屋』といったときに思い浮かべている広さと、それを聞いた人が想像する部屋の広さにはギャップがあります」

結局、駆け出しライターの藤原青年は形容詞を使わずに「身長一六六cmの試乗者は、運転席から後部座席をスムーズに振り返ることができた」と書いた。車の空間を広いという形容詞を使わずに読者に伝えたのである。

ビジネスマン、素人が文章を書くときにもっともよくある失敗は形容詞に頼ることだ。客観的な文章を書こうとするときは、藤原智美のように形容詞を他の言葉に置き換えられないかを考えてみるといい。

さて、藤原智美は説得力のある文章を書くコツのひとつとして、「特定の人を頭に置くこと」と述べている。

「ひとりを納得させられる文章というのは、結果的に他の人の心まで動かしてしまうものです。幅広く賛同を得ようとして丸くなってしまった文章より、結局は多くの支持を集められるでしょう」

上記の言葉は文章だけでなく、ビジネスマンの仕事の仕方にも通ずる。まずは特定のひとりを納得させることに力を尽くすことだろう。

佐々木 宏　クリエイティブ・ディレクター

自分を離れて相手の主張を受け止める

クライアントが正しいこともある

犬がお父さんという設定のCMがある。ソフトバンクモバイルの広告で、お父さんの声は重厚な役ばかりをやる男優、北大路欣也だ。いまでこそ、誰もが何の違和感もなく画面を見ているが、テレビで放映が始まった当時は「犬が父親とは何事か」と非難する声が圧倒的だった。しかし、視聴者はいつのまにかCMに出てくる男優、女優が演ずるコミカルなキャラクターに心から癒されるようになってしまったのである。

CMをつくったのは電通出身のクリエイティブ・ディレクター、佐々木宏。いまは「シンガタ」という広告制作会社の代表だ。木村拓哉、ビートたけしが戦国武将の生まれ変わりという設定で東北をドライブするトヨタ「ReBORN」キャンペーン、JR東海の「そうだ京都、行こう。」など、彼が手がけたCMはいずれも話題となったものばかりだ。

そんな彼の仕事における小さなコンセプトは、相手の言うことを受け止めて仕事をすること。一般ビジネスの世界では当たり前のことのように思えるが、広告業界のクリエイターには、自分が目指す芸術表現を大切にする人が少なくない。自分の意見を押し通すことに執着し、クライアントや第三者の意見に耳を貸さないことがある。しかし、佐々木はそうではなかった。

「JR東海の『そうだ　京都、行こう。』キャンペーンは渾身《こんしん》のアイデアをまとめ上げ、膨大な量のプレゼンを行った末に、電通が契約を獲得しました。しかし、クライアントから『企画はもう一度考え直してほしい。京都は素晴らしいところだから、絵葉書みたいな広告でいい』と言われてしまった」

せっかく考え出した広告案を却下された電通のチームメンバーはひとり、またひとりといなくなり、佐々木は新入社員とふたりで「絵葉書のような」京都の四季を写したビデオに美しい旋律を重ね合わせた広告をつくった。それがいまも残る「そうだ　京都、行こう。」キャンペーンである。

「このCMが二〇年も続いたということは、クライアントが言ったことが正しかったわけです。『こんなに素敵なアイデアを、どうしてわかってくれないんだ』と言ってヤケ酒をあおるより、『相手の言うことにも一理あるかもしれない』と受け止めて、さっさと次を考えた方がいい。僕が切り替えが早いのは、自分を客観的に見る癖があるからです」

佐々木は中学校二年のときに父親を亡くした。以来、自己を客観視するようになったという。父親を失った悲しみのなかに埋没しないためにはそうするしかなかったのだろうが、切り替えの早さはクリエイターとなったいま、彼の武器になっている。

田中秀子　博水社社長

街で出会って自分が信じたものを商品にする

職人がママさんに直接営業

博水社は庶民の飲み物「ハイサワー」を出している会社だ。ハイサワーは焼酎などのアルコール類を割って飲むための割り材で、居酒屋、スナックなどに置いてある他、スーパーなどでも手に入る。

社長は三代目の田中秀子。一九六〇年生まれの魅力的な女性だ。

「うちの会社の売り上げは約一三億円で従業員は二一人。ピークのときは二一億円くらいもありました。元々、うちは小さなラムネ屋です。戦後、ラムネ、ひな祭りの白酒などをおもちゃ屋、駄菓子屋に卸していたんです。ところが昭和三〇年代になってから、コカ・コーラをはじめ、内外の大きなメーカーが清涼飲料水を売り出すようになり、ラムネ屋はばたばたとつぶれていきました。

先代社長、つまり、うちのお父さんは食べていくために新商品を考えなくてはならなかったのです」

そうやってできたのがハイサワーだ。ただし、商品が完成してから、もっとも苦労したのは営業活動だった。

田中は言う。

「うちには営業マンはいませんでした。ネクタイを締めた社員もいなかったんです。工場でラムネ、炭酸、ハイサワーを造る職人さんばかりでしたから、ネクタイの締め方を学ぶところから営業を始めました。社員はそれぞれ出来たてのハイサワーを持って、地元の居酒屋、スナックを回りました。そして、飲み屋のママさんに直接、売り込んだのです。

店に行って、グラスを貸してもらって、ママさんの目の前で実演です。氷を入れて、焼酎とハイサワーを一対三の割合で注ぐ。これが黄金比率。最初は本社のある武蔵小山の近辺から始めて、目黒区、世田谷区、品川区と少しずつ、ハイサワーを販促して歩きました」

客に知識を借りる

彼女が父親の跡を継いで社長になったのは二〇〇八年、四八歳のときだった。社長になってからは自社商品を抱えて飲みに出かけることが多い。

「毎日、どこかで誰かと飲んでます。営業もあればお付き合いもあります。そして、新商品の開発のために居酒屋、スナックへ。飲みに行くと、ママさんたちがいろいろ新しい飲み方や新商品のアイデアを出してくれるので、とてもありがたいと思っています。

たとえば、私がいま、ハマっているのは『しょうが割り』。根しょうがを大根おろし器でがーっとすって、それこそ大さじ半分ぐらい、焼酎とハイサワーのなかに入れちゃう。これを飲んだら、ジンジャーエール割りなんて飲めなくなります。新商品『ハイサワーしょうが』につながるんじゃないかしら。街で出会って、しかも、自分が信じたものを商品にするのがいちばん売れると思っています」

新商品の開発といえば社内の特定メンバーだけで行なうのが通例だ。しかし、ハイサワーのような庶民向け商品は外部の意見が大事だ。なんといっても、好きな人たちは毎日のように飲んでいる。社内のエキスパートよりも、金を出して買っている客の方がはるかに商品の特質をよく知っているのである。そして、田中秀子は客や取引先に頭を下げて、学んでくる。客の知恵を借りるのが彼女の得意技である。

自然に身を任せるという方法

彼女は社長になるまでに大病と離婚を経験している。二六歳のとき、旅先で知り合った医師と結婚。夫の任地であるカナダ、ウィニペグに二年間、暮らした。ふたりの子どもにも恵まれ、幸せな家庭生活だった。帰国後は主婦をしながら、博水社の仕事を手伝っていたのだが、二九歳のある日、下痢が止まらず、病院に行った。

「潰瘍性大腸炎だったんです。総理大臣の安倍さんも同じ病気で、難病に指定されています。まったく原因不明です。大腸がただれて消化ができないから、ご飯が食べられない。鼻から管を入れて、栄養を摂《と》るしかなかった。

退院したのは一〇カ月後でしたけれど、普通にご飯が食べられるようになるまで、まるまる三年間かかりました。その間、小さな子どもは親に預かってもらい、毎日、寝ているだけの日々。

最初は泣いて暮らしましたけれど、あるとき、泣いてもわめいても自分の力じゃどうにもならないことがあるとわかりました。それ以後は達観しています。人生には思い通りにならないことが起こります。病気以来、いくら考えてもどうにもならないときは歌をうたうことにしています」

つらいときに彼女が歌うのはドリス・デイの『ケセラセラ』。人生はなるようにしかならない。あきらめるのではなく、自然に身を任せるのもひとつの方法だ。

闘病の末、潰瘍性大腸炎は治った。そして、翌年、彼女は夫と離婚。

「毎日、お酒を飲んでいますけれど、いまのところは大丈夫。でも、病気と離婚で強くなりました。こわいものはありません」

不幸にあっても、人は必ず再生する。どうしてもつらくなったら、彼女を真似て『ケセラセラ』を大きな声で歌えばいい。そのうちに気分は上向いてくる。

伊集院 静　作家

コンサートでは流れ星を見せる

物語だけでは小説にはならない

作家、伊集院静。いま、日本でもっとも本が売れる小説家だ。彼は元々、野球少年で立教大学の野球部に入部した。しかし、ひじを痛めて退部。卒業してからはＣＭディレクターになった。彼が入った代理店は独特な社風のところで、良質な広告をつくる会社だった。

本名は西山忠来という。けれども広告代理店の社長から「この名前で仕事をしてくれ」と言われて、付けられたのが「伊集院静」だった。

ＣＭディレクターとしても優秀。加えてコンサートの演出家、作詞家としても活躍した。彼がライブの演出を手がけたアーティストには松任谷由実、松田聖子、薬師丸ひろ子、和田アキ子がいる。

作詞家としては近藤真彦が歌った『ギンギラギンにさりげなく』（一九八一年）やレコード大賞を受賞した『愚か者』（一九八七年）が代表的だろう。

わたしが注目したのは彼の姿勢だ。週刊誌で続けている人生相談を読むと、苦境に立つ人にはやさしく寄り添い、自分勝手な相談をしてくる人間に対しては突き放す。機械的に質問に答えているのではなく、相談を通して人間とは何か、人間の本質とは何かを質問者にも問いかけている。

伊集院静が書いた文章には、どれであっても人生における大きな問いが隠されている。

わたしが高倉健さんについて、彼にインタビューしたとき、本人はこう答えた。

「はい。高倉健さんを頭に置いて書き進めた作品はいくつかあります。

たとえば『羊の目』（二〇〇八年、文藝春秋）です。

やくざの世界を描いたものだけれど、単なる復讐譚《ふくしゆうたん》ではなく、『親とは何か』をテーマにしたものです。産んでくれた親でなくとも、自分が親と決めたら、絶対に裏切らない。それを美徳と考えるか否か。昔のやくざの世界にはあった。私はやくざの世界を称賛するわけではない。

しかし、戦後日本人が失いつつある、親についての捉え方をテーマにしたかった。

やはり創作というものは、文字になっているものとは別に確固たるテーマが内在していない限り文学にはならないと思うんだ」

小説は単に物語をつづればいいというものではない。また、人物を描けばいいわけでもない。全体の基礎、骨格ともなる大きなテーマを考えながら書くことによって、人の内面に届く文章が生まれてくる。

物事の本質をつかみ人に伝える

伊集院静という人の文章のなかには数々の名言が出てくる。

誰かの言葉を引用したものではなく、言うまでもなく彼が創作したものだ。しかも、その名言はわかりやすい。そして、分析すると、いずれも物事の本質をつかんで、それを上手に言い換えている。

物事の本質をつかむことができる人はいる。また、ある事象をわかりやすく他の例に置き換える才能をもつ人はいる。しかし、両方を自在にできる人はなかなかいない。伊集院静はそうした稀有《けう》の才能をもつ人だ。

たとえば、次の文章はあるコンサートの構成脚本で、彼が一九八一年に書いたものだ。コンサートツアーの名称は「水の中のＡＳＩＡへ」。同年、松任谷由実が出したアルバムのツアーだった。

構成脚本の最後はこうなっている。

「虹を見た人はいても虹の橋を渡った人はいない。ひょっとしてあれは〝幻〟なのかも知れません。そこでもうひとつひょっとすると、私達の生きているこの世も〝幻〟かも知れません。そうでなくても同じ夢を語り瞳を閉じるなら、期待でその瞳を開いたとき、思わずため息の出る〝幻〟を見せたいものです」

この構成脚本について、執筆意図を次のように語っている。引用、抜粋は雑誌『オリーブ』からである。

「コンサートをやる時にいつも言うことは『流れ星を見せたい』ということ。流れ星は見ようと思っても見られるものではない。夜空をずーっと眺めていたって、見られるものではない。

流れ星は偶然出会うもので、自然が作ったショーとも言える。

それに、流れ星のきれいさは他人に説明してもわかってもらえないものだ。見た人じゃないとその美しさはわからない。それはコンサートも同じなんじゃないか。

見た人でなければわからないというところがショーや見世物の基本で、そのために人はチケットを買って、どきどきしながら開演を待つ。だから、私はコンサートで流れ星を見せたい」

伊集院静はそれまでのコンサートとは違い、ステージに本物の象を出したり、大掛かりな仕掛けを導入した。歌謡ショーをスペクタクルなエンタテイメントに変えた。そんな彼の演出の基本姿勢が観衆に「流れ星を見せたい」というものだった。コンサートを見た人にその場限りの感動を伝えようとしたのである。その本質を突いた言葉が「流れ星を見せたい」だった。

ショーやイベントの企画書に「見た人に感動を与える」「ドキドキさせる仕掛けを設定する」と書く人は多い。しかし、そんな文章では、読んだ人は納得しない。

ビジネスマンが企画書を書くとき、手本にするべきものは、わたしは伊集院静の著作だと思う。

永野健二

元日本経済新聞社記者

あおり文句を使わない抑制した文章を書く

素っ気ないからこそ引き込まれる

新聞を読む人は年々減っている。「ネットニュースで十分だから」というのがその理由らしい。

しかし、わたしはそう思っていない。読者の中心層である中高年はネットニュースに執着していないし、あまり信用していない。新聞を読む人が減りつつあるのは、日々の生活に役立つニュースが載っていないからだ。

いま、全国紙を開く。ページが増えたのはスポーツ欄と自社イベントの紹介、宣伝記事だ。スポーツ欄が充実したのはプロスポーツやイベントが増えたからだろう。相撲とプロ野球だけだったのが、Jリーグ、Vリーグ、Bリーグ、ラグビーが加わった。そのうえ、さまざまなスポーツのワールドカップがあり、二〇二〇年には東京オリンピック・パラリンピックがある。こうしてみると、クオリティペーパー（高級紙）を自称する新聞でさえ、中身はスポーツ新聞と大差ない。

もうひとつは自社開催のイベント告知、内容紹介記事の氾濫だ。高校野球、囲碁、将棋、数々のシンポジウム…。毎朝、必ず何かが載っている。新聞人はネットニュースを一段下に見ているけれど、彼らはあからさまに自社媒体や自社イベントの宣伝をしてはいない。

読者にとって読みたい記事とは、生活に役立つささいな情報と自分が暮らす地域で起きていることだ。このふたつは全国紙では小さく扱われている。その結果、中高年読者は慣れないネットニュースに触れるしかなくなったのである。

もうひとつ、わたしが気になるのはいまの全国紙の文章だ。「あおり」と「過剰な思い入れ」ばかりが目につく。そして、このふたつの要素はスポーツ記事と宣伝記事になくてはならないものなのである。

たとえば…。

「この一戦は見逃せない」

「私は政権を憂《うれ》える。日本の将来を憂える」

どちらもよく出てくるパターンだ。しかし、考えてみれば「見逃せない一戦かどうか」を判断するのは読者であって、新聞記者があおることではない。また、新聞記者は憂慮ばかりしているけれど、では、憂慮する前に、何か自分の力で国民に役立つことをしようとは思わないのだろうか。読者が求めているのは憂慮ではなく解決策ではないのか。

さて、長くなったけれど、わたしが「新聞の文章が変わってきた」と憂慮するきっかけは一冊の本を読んだからだ。

「バブルの最深部を取材した『伝説の記者』が初めて明かす〈バブル正史〉。この歴史に学ばずして日本の未来はない」

同書のあおり文句にある伝説の記者が『バブル』(新潮社)を書いた永野健二だ。現役時代は日経新聞の証券部にいて、最後の役職は副社長。父親は日経連の会長だった永野健、大叔父は日本商工会議所会頭だった永野重雄。

『バブル』はあの時代の経済ニュースを構成した本だ。書いてあるのは事実と著者が見たこと、インタビューした情報である。あおり文句はないし、過剰な思い入れもない。断片をつなぎ合わせた素っ気ない文章だ。ただし、抑制が利いているから、読んでいるうちに引き込まれてしまう。バブルの時代や大事件を書く人は「これでもか」と過剰な表現を目いっぱい使うけれど、永野健二は冷ややかに距離を置いて書いている。

読んでいて疲れることがなく、しかし、内容を考え込んでしまう。新聞が良き時代だった頃の文章がそこにある。

彼は取材対象にはのめり込んでいないのだろうけれど、明らかに好意を寄せている人物がひとり出てくる。

ビジネス文書にも通じる技術

永野がスポットライトを当てているのは元三井物産副社長で日銀の審議委員になった福間年勝だ。
福間はバブルの時代、あらゆる会社が財テクに走るなか、財テクを否定して、三井物産の財務健全性を守った。
「八八年に入り、日経平均株価が再び上昇に転じると（三井物産社内では）『なぜ財テクをやらないのか』という批判も息を吹き返した。（略）
経営会議で『他社のように財テクをやるべきだ』と迫られることになった。このときは『ブラックマンデーで一度、損をしたと思って、今からやるのもいいのではないか』といった意見が出たりもした。そんなやりとりが続いて、私も思わず、『そこまで財テクをおやりになりたいのならば、部長を替えられたほうがよろしいのではないでしょうか』と口走ってしまった。『現場の部長がやらないと言っているのだから、しょうがないぞ』この場を救ってくれたのは八尋俊邦会長だった」（引用は福間の著書『リスクに挑む』より）

永野は誰よりも福間を尊敬したのだろうけれど、「非常に優れた人物だ」とか「最高の財務マン」などとあおって書いてはいない。

本のなかに見せ場をつくって、そこで福間が輝くようにしている。本来の新聞の文章における起伏のつけ方とは過剰な形容詞で飾ることではない。永野が本書で見せたような、練り上げた構成、リズムのつけ方だ。

『バブル』にある文章は新聞記事のお手本だ。同時に、それはビジネス文書、特に企画書のお手本にもなる。

文章を書く人は読む人のことを考えることだ。あおり文句でおどかすのではなく、読んだ人が疲労しないような文章を書く。永野健二の小さなコンセプトは抑制された文章を信じて、実践していることにある。

第五章

人を育てる

立川談志　落語家

正面の切れる男になれ

イメージとは異なる本質の教育

亡くなった立川談志のことをマスコミは落語界の革命児とか異端児と表現している。その言葉には「これまで受け継がれた落語の型を破った人。しきたりを重んじなかった人」とのニュアンスが込められている。

しかし、実際にはどうなのだろうか。立川談志は落語界に残る封建的な仕組み、形式ばかりで意味のないことに対しては歯に衣着せぬ言葉で攻撃しただろうけれど、それ以外の面では落語の本質を受け継ぎ、ちゃんと弟子に伝えているように思われる。

彼の弟子で立川流の真打、立川談春が書いた本には談志の教育者としての非凡さが表れている。談志は落語の技術だけを教えたわけではない。落語界の慣習や礼儀の本来の意義を教えている。「言われた通りにやれ」ではなく、「なぜ、こうでなければならないか」と哲学を伝えているのだ。彼の教育には先輩から受け継いだものを後輩に伝えたいという誠実な使命感が脈打っている。

引用は立川談春の青春記『赤めだか』（扶桑社）からだ。

談志は入門まもない弟子に小噺《こばなし》を五つしゃべった後、こんな話をした。

「今演《や》ったものは覚えんでもいい。テープも録《と》ってないしな。今度は、きちんと一席教えてやる。プロとはこういうものだということがわかればそれでいい。

よく芸は盗むものだと云《い》うがあれは嘘だ。盗む方にもキャリアが必要なんだ。最初は俺が教えた通り覚えればいい。盗めるようになったら一人前だ。時間がかかるんだ。教える方に論理がないからそういういいかげんなことを云うんだ。いいか、落語を語るのに必要なのはリズムとメロディだ。それが基本だ。ま、それをクリアする自信があるなら今から盗んでもかまわんが、自信あるか？」

落語について彼はこのように、科学的に具体的に弟子に教えていたのである。この後、談志は話し方のみならず、高座に上がったときのお辞儀の仕方、目線の位置、気持ちのもち方なども懇切丁寧に指導している。

「これは談志《オレ》の趣味だが、お辞儀は丁寧にしろよ。きちんと頭を下げろ。次に扇子だが、座布団の前に平行に置け。結界と言ってな、扇子より座布団側が芸人、演者の世界、向こう側が観客の世界だ。観客が演者の世界に入ってくることは決して許さないんだ。たとえ前座だってお前はプロだ。観客に勉強させてもらうわけではない。あくまで与える側なんだ。そのくらいのプライドは持て。

お辞儀が終わったら、しっかり正面を見据えろ。焦っていきなり話しだすことはない。堂々と見ろ。

それができない奴を正面が切れないと云うんだ。正面が切れない芸人にはなるな。客席の最後列の真ん中の上、天井のあたりに目線を置け」

新入社員や後輩に「挨拶をしっかりしろ」とか「頭をちゃんと下げろ」と叱る人がいる。しかし、本当に後輩のためを思って指導するのならば、立川談志のように、扇子の役割やプロとしての矜持のもち方を教えたうえで、「だから、きちんと頭を下げろ」と言うべきだ。自分の体験から得たものを言葉にして若い人に伝えるのが上司、先輩の役割ではないか。

ビジネスマンが覚えるべき行儀とは頭の下げ方、挨拶の声の出し方ではあるけれど、それはつまるところ、正面の切れる男になれということだ。

北野武（ビートたけし）

映画監督・タレント

過去は振り返るな

学生を一流料理店へ連れていく

北野武（ビートたけし）監督には映画についてインタビューをしたことがある。彼の作品『アキレスと亀』（二〇〇八年）についての取材で、同作品は絵画がテーマとなっていることもあり、映画の内容だけでなく美術についても尋ねた。だが、もっともわたしの記憶に残っている言葉は映画や美術の話ではない。現在も務めている東京藝術大学大学院映像研究科の特別教授（当時）として、「学生に何を教えているか」だった。

わたしの問いに対して、ちょっと考えた後、彼はこう答えた。

「学生たちをいちばんいいフランス料理店に連れていって食事させること」

映像の演出方法についても教えているのだろうけれど、彼は映画についての知識よりも、

「学生に経験をしてもらう」ことが大切だと繰り返していた。

たとえば、一流のフランス料理店でソムリエが出てくるシーンを撮るとする。その場合、映画監督がフランス料理店を経験していなければ映画を撮ることはできない。店内の様子やウェイターやソムリエがどういう動きをするのかを知らなければ映像にならない。だから、北野は学生たちにはいろいろなことを体験してもらいたいと思う。そうしなければ、自分の体験した生活の範囲で映画を撮ることになってしまうからだ。

監督になったら、いつもいつも牛丼屋で食事している主人公ばかりが出てくる映画を撮るわけにはいかない。監督の仕事は経験を増やすことだと思う。だから、北野は彼らをいちばんいい店へ連れていく。

一流フランス料理店で食事する費用は大学が出してくれるわけではない。北野武は自腹を切って学生に映画監督の仕事の現実を教えているのである。

すべて結果論が現実

北野の芸名はビートたけしである。芸人としての彼は、お笑いで売れるか売れないかは才能のあるなしではなく、結果論だと断定している。

「おいらのところに弟子入りしたいというやつがいっぱいいたけど、当然弟子入りできたやつと、できなかったやつがいて、それも結果論。別にテストがあるわけじゃないし、選考の基準が明確にあったわけじゃないから。『ずっと何カ月も毎日土下座して待ってたけどダメだった』というやつもいれば、『ちょっと、たけしでも見にいってくるか』ぐらいの気持ちで初めて来たその日に弟子入りしたやつもいる。それもまた結果論なんだよ。

売れるか売れないかも結果論。運良く弟子入りできて、何年かしてから売れ出したら、それはそいつに才能があったってこと。どんなに努力しても芽が出なければ、それは才能がない、ということだと思う。残酷だけど」

芸人が売れるか売れないかということ、作家の本が売れるか売れないかということ、そして、ビジネスマンが出世するかしないかも煎じ詰めてみれば結果論だ。

毎日、残業して働いても結果が出ない人間もいれば、大した努力もしないのに、課長、部長、取締役と昇進していく人間もいる。

成功するためには本人のやる気、努力は必要だ。しかし、昇進するかどうかは評価する人間の物差しに左右されてしまう。人に好かれるかどうか、周りの人間との兼ね合いなどが関係してくるので、「成功するかしないかは結果論」になってしまうのだろう。

では、ビートたけしは売れるためには何をすればいいと言っているのか。

「法にさえ触れなければ、あらゆる方法を使って売れちゃえばいい」

確かにビートたけしの言うことが正しいのだけれど、ビジネスマンの世界では、法には触れないからといって、ライバルの悪口を触れ回ったりするわけにはいかない。法に従い、さらに、同僚と円滑に付き合いながら常識の範囲内で競争するしかない。

ただし、ビートたけしはもうひとつ売れるための提案をしている。それは彼の小さなコンセプトだ。だから、誰でもすぐに真似ることができる。

それは…。

「過去は振り返らないこと」

彼は言う。

「オレが若い頃、テレビに出る前に寄席や演芸場でやっていた漫才を記録したテープがどこかに残っているみたいだけれど、あまり見返したくないんだよ。『あげるよ』って誰かに言われたこともあるけど、『いらねえ』って答えたぐらい。おいら、昔の自分たちの漫才を見るのが大嫌いでね。（略）なんか感覚としては汚物に近い。それをわざわざ見たくない」

ビジネスマンでも過去の栄光を語る人がいる。酒席で、「オレは昔、大きな仕事をしたんだ」と長い自慢話をする人がいる。なぜ、彼はそうなってしまったかといえば、過去を振り返る以外に自慢するべきことがないからだ。いわば、「私は現役のビジネスマンではありません」と宣言しているに等しい。たとえ、いくつであれ、成功したいと思っている人は過去を振り返ってはいけない。人前で過去の実績についてしゃべってはいけない。

「生の面白さ」の追求

二〇一六年秋、北野はフランス政府から最高勲章レジオン・ドヌールの四等「オフィシエ」を授与された。二〇一〇年には同じく仏政府から芸術分野で顕著な功績を残した人に贈られる芸術文化勲章の最高位「コマンドール」を受章している。日本人でフランスの高位の勲章をふたつも受章した人間は稀だ。

ただ、その実体はビートたけし。ツービート、タケちゃんマンで、お笑い芸人から出発して、いまではタレント、文化人、映画監督として活躍している。世の中に一目置かれる存在になってからも、彼はカブリモノを着て、ハチャメチャなギャグを飛ばしている。ビートたけしのプライドとは「ステレオタイプの、かしこまった文化人になんかなりたくない」ということなのだろう。

さて、そんなビートたけしには弟子がいる。たけし軍団と呼ばれるタレントの集まりだ。一軍から三軍まで、これまでに所属したメンバーは数十人を超える。

わたしはそのうちの筆頭メンバーでもあるガダルカナル・タカに会ったことがある。彼は師匠たけしについて、多くのことを語った。

たとえば、たけしがお笑いについて、どういう考えをもっているか、である。

ガダルカナル・タカは言った。

「うちの師匠はこう教えてくれました。

『お笑いは状況設定をきちんとつくること。そこでアドリブをやると面白さが出てくる』

従来の漫才はお客さんの前で何度も同じネタを繰り返し、反応を見ながら練り上げていくものです。一方で、師匠のやる漫才、コントは『生の面白さ』を追求するもの。アドリブのフレーズやぶっつけ本番の思わぬ展開で観客を引きつける。それが、たけしのお笑いなんです。

…でも、ほんとのことを言えば、師匠は何度も同じことをやるのが嫌いなんですよ。同じことをやると飽きちゃう人なんです」

ガダルカナル・タカは三五年以上もビートたけしと掛け合いをやっている。舞台でもテレビでも師匠が目の前でやるギャグを長い間、見てきたし、しかも共演しているのだから、自然と鍛えられ、芸を覚えた。

芸のできない芸人はダメ

ただ、聞いていると、ビートたけしの凄みは芸を教える部分だけではない。たけしは弟子にさまざまなことを教えている。

タカは話を続けた。

「師匠から教わったのはギャグや芸だけではないんです。普通、お笑いのお弟子さんって、師匠が寿司屋とかで誰かと食事していたら、外で待っていて、下駄を揃えるみたいなことをやるわけです。師匠を気遣って世話をするのが弟子の役目とされています。

でも、うちの師匠は業界の大物と高級レストランで食事をするときは、必ず『一緒に食え』と僕らを連れていく。僕らを同じテーブルに座らせる。僕たちから見れば口もきけないような人たちと食事をする機会をつくってくれるんです。つまり、右も左もわからないような若造に大物を紹介してくれる。

それだけじゃありません。海外に仕事で行くとするでしょう。むろん、師匠はファーストクラスに乗ります。そして、僕ら弟子にも『同じクラスに乗っていけ』とお金を払ってくれる。そんな人いないと思います」

タカによれば、ビートたけしの師匠にあたる浅草の芸人、深見千三郎がちょうどそういう教え方の人だったという。たけしが弟子だった頃の話だ。師匠の深見が一流の寿司屋に入っていった。たけしが外に立っていたら、「入ってこい」と言った。そして、こう続けた。

「いいか、寿司屋がどういうところで、客にどういうやつがいて、トロやウニがいくらするかを知っておくことは大切だぞ。そういうことが芸につながるんだ」

たけし自身が師匠になってからも、そういう教え方を貫いたのだろう。

さらに、こんなことがあったとも教えてくれた。

「師匠は『お笑い芸人はちゃんとした芸をもっていないとダメだ』と言うのです。ですから、私たち弟子はジャグリングやタップダンス、ピアノを教わりました。まず、師匠はそういう芸を勉強するためにテレビ番組をつくる。芸を教わること自体をエンタテイメントにするわけです。そして番組には一流の先生を呼んでくる。僕らはその先生から習う。

タップダンスのときは高価なタップシューズを買ってもらいました。

『一カ月後にはちゃんとできるようにしておけ』そう言われたので、練習するのですが、昼間は仕事ですから、みんなが集まるのは真夜中しかありません。軍団のみんなで新宿の中央公園に行って、大理石の上で踊ってたら、おまわりさんに『こらー』と怒られて…。タップダンスの靴をカチャカチャいわせながら、逃げました。

師匠はこう言いました。

『タップダンスでも達人になる必要はない。しかし、一定以上のレベルに達していないと、ボケができない。だから、練習するんだ』

確かにその通りです。タップシューズで、すってんころりんと転ぶためには、あるレベルまで達していなければぶざまになってしまう。他の芸でもそうです。ですから、僕らは一生懸命、練習しました。歌も踊りもある程度はできます」

わたしは一度、ある高級寿司屋でビートたけしと一緒だったことがある。そのとき、彼は確かに若い弟子を連れていた。どうやら運転手をしている弟子だったようだが、「お前はたくさん食え」と寿司をすすめていた。

彼は弟子に生活を教えていた。笑いでも映画の演技でも、人間は自分の生活以上の表現をすることはできない。たけしは日常とは違う生活を体験させることで、弟子に芸の本質を教えていたのだろう。

藤田　晋　サイバーエージェント社長

年齢に関係なく早く結果を出した者が勝つ

同期入社でもすでに実力差はある

作家の池波正太郎は年が明けて正月元旦になると、すでに翌年の年賀状を書き始めていた。もっとも千枚以上の年賀状をすべて手書きにしていたから、書き終えるのに一〇カ月はかかったという。年賀状における彼のコンセプトは「やらなければいけないことは時間をおかず、すぐに取りかかる」ことだった。

普段の仕事でも、締め切りがあると、間際になるまで手をつけない人がいる。しかし、一流の人間はそんな悠長な考え方はしてはいない。

アメーバブログの展開で知られるＩＴ企業、サイバーエージェントの創業社長、藤田晋は大学を出てインテリジェンス（現・パーソルキャリア）という人材派遣の会社に入った。入社して二カ月で藤田は営業成績で同期のトップになった。また、新人のなかで初めて受注したのも彼だった。藤田は大学時代、スーツを着て広告営業の仕事をした経験をもっていたから、誰よりも早く営業になじんだし、結果を出すことができた。

一方、学生気分の抜けない同期の新人はなかなか仕事を受注することができず、苦しんでいた。ある日、同期のひとりが、藤田をつかまえて、こう言った。

「お前は学生時代に営業経験があるから、ずるい」

藤田は「いやはや」とあきれた。

「同期というのは、たまたま一緒の時期に入社した間柄に過ぎません。私のように営業アルバイトの経験をもつ者もいれば、高いＩＴスキルや、ビジネスに関する資格を有する人もいるでしょう。

同期というのはある種の幻想なのです。入った時点で、すでに、個々のスキルの差は、やはり厳然としてあるのです。（略）

キャリアを積むに当たって、まずこの事実に気づくこと。そしてそれを知ったうえで、スタートダッシュをかけること、できるだけ早く結果を出すことが大切です」

藤田の言うように、仕事は早く結果を出すことが目的だ。新人だろうがベテランだろうが、他人よりも一秒でも早く目的を完遂しなければ、長いビジネス人生でサバイバルできない。ハングリーになって、仕事に食らいついていくことだ。

鈴木　修

スズキ株式会社会長

売り上げと儲けのふたつのポケットがあれば十分

バランスシートなんて読めなくていい

軽自動車トップのスズキをいまも代表しているのが鈴木修会長である。鈴木修は社長になったとき、三〇〇〇億円台だった売り上げを三〇年間で一〇倍の三兆円にした、これまた実力経営者だ。

「『バランスシートを読めなくとも、商業簿記を勉強しなくとも、ふたつのポケットがあれば用は足りる』という考え方です。それは、ある青果店のおやじさんから聞いた、こんな話がヒントになっています。

おやじさんは毎朝、市場に出かけ、たくさんの野菜や果物を仕入れていました。そして、それをお客さんに売っていたわけですが、店ではいつも、おやじさんは、右と左にひとつずつ、ふたつのポケットが付いたエプロンをしていました。たとえば今日仕入れてきたものが一〇万円なら、売り上げが一〇万円になるまでは『右のポケット』だけにおカネを入れてしまっておくのです。売り上げが一〇万円を超えたら初めて、超えた分のおカネを『左のポケット』に入れるようにしていました。

なぜ、こんなふうにふたつのポケットに分けるのか。それは、『売り上げと儲け（利益）は違う』ということがわかっているからです」

「人は往々にしてひとつのポケットにすべてのカネを突っ込んでしまいます。すると、他人に支払わなければいけない原価の分まで儲かっているように錯覚してしまい、失敗するのです」

「スズキの投資方針は、いまから思えばキャッシュフロー経営の典型でした。自分で稼いだカネの範囲で投資し、その一線を踏み越えない。これを肝に銘じていましたし、いまもそうです」

儲かった分から使え

スズキの鈴木修が言っていることは経理の素人でも理解できる。しかも、この考え方は原理原則である。誰もが「そんなことは当たり前じゃないか」と思っていることだ。しかし、人は懐が苦しくなったら、本当は「支払わなくてはならないカネ」まで、一時しのぎに使ってしまうのである。

ひとつのポケットに入れた金を無分別に使ってしまう人は少ないかもしれないが、「あとで返しておけばいいや」という感覚に陥って、売り上げ金の一部を流用してしまう可能性はあるだろう。

しかし、それではいけない。

鈴木修は「たとえ苦しくても、それはダメ」と言っている。原則とは絶対に破ってはいけない厳しい規則のことで、鈴木修は「本当に儲かった分でいろいろ楽しむのは結構だが、儲けがないなら水でも飲んでおけ」とまで断じている。

人に対して訓示をする経営者は多い。だが、ほとんどは精神論で、具体的なことにはなかなか踏み込んでいかない。だが、若いビジネスマンにとって長年、役に立つ話とは「人に愛を」「感謝、感謝で一日を暮らす」なんていう抽象的で、かつ、どこにでも転がっている話ではない。「儲かっていないのならば水でも飲んでいろ」というくらいの厳しい指摘だけが若者を成長させる。

鈴木修の小さなコンセプトは金に対するきちんとした哲学をもつこと、そして、若いビジネスマンに訓示をするならば、精神論ではなく、具体的で分かりやすい指摘をするべきということだ。

豊田泰光

元プロ野球選手、野球解説者

プロは「学ぶ」と「育つ」あるのみ

伸びる選手はひとりでに育つ

新入社員が職場に配属され、三カ月もすると仕事に慣れてくる。初々しさが消え、先輩が近くにいても、まったく気にすることなく笑い声をあげるようになる。だが、本当の仕事人生はそのときから始まる。一人前の戦力とは、社内でリラックスすることではなく、外へ出て、悠然とした振る舞いができることである。

会社の外で、「課長、これはどうすればいいんですか」「部長、あのお客さんには何をしゃべればいいいんですか」などと上司にお伺いを立てているうちは見習いだ。自ら学び、自ら判断して行動するのがビジネスマンなのだから。

新人をどう伸ばすか――。

元プロ野球選手のふたり、豊田泰光、権藤博（168ページ）両氏はそれぞれ違う表現ながら、仕事に慣れてきた新入社員に対して「自ら学ぶ」ことの大切さを説いている。

豊田泰光は西鉄ライオンズ（現・西武ライオンズ）黄金時代に、稲尾和久、中西太らと一緒に戦った遊撃手で、野球解説者。権藤博は元中日ドラゴンズの投手で、引退後は各チームの監督、コーチを務める。一九九八（平成十）年には監督として横浜ベイスターズ（現・横浜ＤｅＮＡベイスターズ）を三八年ぶりに優勝へ導いた。

豊田が西鉄ライオンズに入ったのは一九五三（昭和二八）年。その時代から各球団とも開幕前にキャンプをやっていた。ただし、「新人は選手というより先輩の付き人」だから、満足に練習する時間はなかった。バットやボールを担いで、練習場に持っていく。先輩のスパイクを磨いたり、用を言いつかったり……。いったい、いつになったら野球ができるのかと、ため息をつく日々だった。だが、何度も叱られているうちに少しは頭が働くようになり、靴クリームを自腹で買って、先輩のスパイクを磨いてみた。すると、効果てきめん、先輩も豊田が懸命なのを認め、練習に参加できるようになったという。

また、当時、ボールは貴重品だった。使い古しのそれでさえ、先輩から「取ってこい」と、拾いにいかされたのである。ボールがひとつでもなくなれば見つかるまで宿舎に戻ることはできなかった。だが、これまた同じ罰を受けているうちに知恵がついていく。豊田は投手が練習したときのボールをこっそり拾って隠しておき、ボールの数が足りないときがあれば「ここにありました」と持っていった。

彼は説く。

「手取り足取り教えてくれるような先輩ばかりでは、いまの私はなかった。コーチ時代の経験も含めて言うと、伸びるやつは勝手に学び、ひとりでに育つものだ。教えられて伸びるやつはまずいない」

「プロには『教える』『育てる』はない。『学ぶ』と『育つ』があるのみ。何でも自分で考え、実践しなくては。プロの一歩を踏み出す新人たちに、その覚悟をしておいてほしい」

彼が言うプロとは野球選手に限らない。営業マンでも、販売員でも、総務でも経理でも、金をもらって働く人間はみんなプロだ。プロは自分の才覚で人生を乗り切っていかなくてはならない。

権藤 博　元プロ野球選手、野球指導者

教えすぎてはいけない

アメリカでコーチに言われたこと

権藤博は一九六一（昭和三六）年に入団してすぐエースになり、その年は三五勝、翌年には三〇勝という、現在では考えられない成績を残した。ただ、連投に次ぐ連投で肩をこわし、三〇歳で現役から引退する。その後、コーチ、監督として指導者になるわけだが、コーチングの勉強で訪れたアメリカで、一生、忘れない小さなコンセプトを学んだ。

アメリカの教育リーグで打撃練習を見ていたら、ある若手選手が流し打ちができずに苦労していた。見るに見かねた権藤が「こうやるんだ」とコツを教えたところ、その選手はみるみるうちに上達した。

さて、元々その選手を見ていたコーチが戻ってきたら、あまりの変わりように驚く。選手

に「どうしたんだ」と訊ねたら、「ミスター・ゴンドウが教えてくれた」…。コーチは権藤をつかまえて、こう言ったという。

「教えてくれたことはありがたい。だが、教えられた技術はすぐに忘れてしまう。逆に、自分でつかんだコツは忘れない。だから私たちコーチは、選手が自分でコツをつかむまで見守っていてやらなければいけないんだ」

アメリカの野球界では「教えすぎてはいけない。(Don't over-teach.)」とされている。ロサンゼルス・ドジャースのコーチ用テキストにはこの言葉が冒頭に記されているほどだ。権藤はその意味を現場で知った。

「私もそのことを知識としては知っていましたが、ピンときませんでした。日本のプロ野球界では、『もっとていねいに教えろ』と言われることはあっても、『教えすぎるな』と言われることはないからです」

手取り足取り教えてしまう上司はどこにでもいる。しかし、それでは依頼心の強い人間になる恐れがある。上司は歯がゆく感じても、じっと見守る態度が必要だ。そして、新人は何から何まで上司に頼らず、自分の道は自分で切り開く。どれだけ時間はかかっても、自分がこれだと思うものをつかむ。結局、身体に残るのはそうやって得た知識と知恵だ。

郷ひろみ　歌手

完璧なコピーからオリジナリティは生まれる

モノマネで終わってはダメ

郷ひろみ。一九五五（昭和三〇）年生まれ。デビューしてから四〇年以上、変わらぬ人気を保ち、いくつものヒット曲をもつ。正真正銘のアイドルだ。

彼がデビューしたのは一五歳のときだ。すぐに人気が出たのだが、ある日、「歌えない、踊れない、しゃべれない」自分に気づいた。発信力のなさに愕然としたのである。そこで、彼は一九歳になってから、毎年、ニューヨークを訪れ、本格的に歌とダンスのレッスンをするようになった。

「誰に言われたのでもありません。レッスンをやらなければ（芸能界から）消えてしまうと感じたからです。同時に、新曲を出す時にはそれまで以上に、テープを聴き込み、歌うときにも気合を入れました」

アイドルも生き残るためには大変な苦労をしなければならない。そして、話はこれからだ。

「僕はカバー曲を何曲も歌っています。たとえば、リッキー・マーティンの曲を『GOLD FINGER'99』とタイトルを変えて、ヒットさせました。あのときはテープに入れた原曲を一日中、聴いて、リズム、音程、ブレスの場所などすべて完璧に暗記してから、日本語の詞をつけて歌いました。レッスンでは気合を入れて千回以上は歌っています。

これは僕の持論ですが、カバー曲で、自分なりのオリジナリティを生み出そうと思ったら、それは完璧にコピーするしかない。最初から自分の好きなようにアレンジして歌ったら、モノマネにしかならないんです。モノマネの人は一〇〇%のコピーはしません。八割程度のコピーでやめてしまう。完璧にコピーしないから、モノマネの段階で終わってしまうのです」

一〇〇%真似るのは簡単なことではない。しかし、そこまでやることで、その人間の真の実力がやっと歌に表れてくる。何かを身につけようと思ったら、自己流に理解するのではなく、まずは完璧に真似ることを考えなくてはならない。

千住 博
日本画家

細部まで完璧に同じものになるように描く

絵画にも明確な採点基準がある

実は、郷ひろみ（170ページ）と同じ意味のことを日本画家の千住博が語っていたことがある。

千住博と話していたとき、わたしは「絵に点数をつけるのは難しいでしょう」と問いかけた。すると、京都造形芸術大学の学長（当時）でもあった彼は「いいえ、絵は採点できます。1点単位で評価できます」と答えた。

「私が東京藝大の受験生だったとき、絵画の実技試験で次のような課題が出ました。紫の紙の上に試験官がアルミホイルをくしゃくしゃに丸めたものを置き、さあ、これを見た通りにデッサンしろというものでした。制限時間は三時間です。

野地さん、あなたならどう描きますか?」

くしゃくしゃにしたアルミホイルには何万もの反射面ができている。反射面には下に敷いた紫の紙からの色が映し出され、ある面は濃い紫色だろうし、ある面は薄い色になる。しかし、それを克明に描こうとすれば途方もなく長い時間がかかってしまうのではないだろうか。

「私が試験官ならば、一つひとつ丁寧に描いた学生ならば、たとえ全部描いてなくとも合格点をつけます。一方、自分なりのアレンジを加えて描いた学生は不合格にせざるを得ない。学生は最初はいろいろと悩むでしょう。果たして時間内でデッサンできるのか、と。それよりも、全体をひとつの対象としてアレンジして描いた方が完成度は高くなるのではないか、と。しかし、自分なりのアレンジはダメです。それは単なる手抜きです。たとえ、時間が足りなくなっても、細部を見て、描くことです。細部を徹底的に見て、完璧に同じものになるように描く。試験官が見るところはどこまで真実に迫ろうとしたかという態度です。プロの絵描きにはそれが何よりも重要なのです」

郷ひろみは完璧なコピーこそがオリジナリティを生み出すと言った。そのために細部までテープを聴いて再現すると語った。

一方、千住博は絵描きに必要なものは細部まで徹底的に見る目だという。愚直を貫いて対象をコピーすることに意味があるわけだ。

ふたりが言っていることは共通している。道を究めようと思ったら、まずは完成したものを徹底的に見る。一〇〇%真似るために自らの技術を研《と》ぎ澄ます。オリジナリティとは思いつきや手抜きの結果ではない。徹底的な訓練を通して初めて得ることができる。道は違うけれど、ふたりがもっている小さなコンセプトは修業の極意と言える。

増田佳郁

P．S．FA元店長

叱るのは怠慢に対してだけ、ミスには目をつむる

「門送り」の意味

P．S．FAは紳士服の「はるやま」がやっているツープライススーツのチェーンである。一万九〇〇〇円、二万八〇〇〇円という二種類を扱い、二〇代から三〇代が主な客層となっている。渋谷の公園通り店は同チェーンの優良店で、増田はナンバーワン店長だった。

増田は「店長になりたての頃は部下をよく叱っていた」が、いまでは自分なりの叱り方で部下を指導するようになったという。

「大声は出しません。叱るのは怠慢に対してだけで、ミスには目をつむります。一生懸命やった結果のミスであればどんなミスでも怒らないようにしています。しかし、一度、大変な目に遭いました。

アルバイトの大学生に『銀行のカードを解約してきてくれ』と頼んだら、店の銀行口座を解約してしまって…。ほんとに真っ青になりました。ただ、釣銭用の口座で現金が入っていなかったから、まあ、ことなく終わったわけですけれど、もし、それが店の決済用口座だったら辞表を書かなくてはならなかった。そのときも迷いましたが叱りませんでした。彼がふざけてやったことでもないし、怠慢でもなかった。叱らずに、ぐっとこらえました。

その代わり、怠慢には厳しく叱ります。たとえば『門送り《かどおく》』をしなかった場合などはきつく言います。門送りとはお客様にレジで会計していただいた後、店の外まで見送って頭を下げることなんですが、それをやらずにレジ前で頭を下げている人間を見つけたら、『ちょっと来い』と呼ぶ。

だからといって、ねちねち責めるような怒り方はしません。門送りは何のためにやるのかを考えてくれと言います。やっていることの意味を考えてもらいたいのです」

こうしてみると、増田が指し示す「部下を叱る」とは、ミスなり、怠慢だったりした人間に自主的に考えてもらうことを目標にしている。決して大声を出したり、相手を責めることではない。

森下一喜　ガンホー・オンライン・エンターテイメント社長

やりたいことが見つかったときのためにいまの仕事に集中

大切なのは自分が100%動ける状態であること

「大人は若い人に向かって、やりたいことを見つけなさいと言う。口に出すのは簡単ですよ。でも、やりたいことって、すぐにわかるんだろうか。本当にやりたいことって、そんな簡単に見つかるものじゃないですよ。僕なんか、ずいぶんと回り道したから、よくわかるんです」

こう語るのはガンホー・オンライン・エンターテイメントの創業社長、森下一喜である。

同社は一九九八年に設立されたオンラインゲームの開発会社で、スマホ用ゲームアプリ『パズル&ドラゴンズ』を大ヒットさせた。そのため、同社の株価は一時期、老舗の任天堂を超えたほどだ。

森下は高校卒業後、漫才師を目指した。一年後、相方が両親に連れ戻され、コンビは解散。彼は食うために小さな内装工事の会社に入った。

「仕事はエアコンのダクトを清掃することが多かった。弁当の工場へ行って、揚げ物を揚げる油が煮えたぎっているところに立って、ダクトを掃除するんです。そりゃ、あぶないですよ。足を滑らせたら、油のなかだから。でも、毎日、仕事を終えて、食事をしたらバタンキュー。ストレスはなかったし、幸せだと感じてました」

その後、「みんなと同じようにスーツを着て仕事をしたい」と「未経験者ＯＫ」というビジネスソフトの会社に転職する。初めのうちこそ、パソコンのなんたるかがまったくわかっていなかったが、次第に頭角を現し、優秀な営業マンになった。彼が入った会社は成長し、いまでは一部上場になっている。たとえガンホーをつくらなくとも彼はビジネスソフトの会社で幹部になっていただろう。

独立したのは漫才師を目指した気持ちをずっと忘れていなかったからだ。

「人に面白いと言ってもらえる、人を喜ばせることが僕のやりたかったことでした。ですから、ビジネスソフトではなく、エンターテイメントをやることにしました」

森下がゲーム会社への転職を考えなかったのは「ゲームの開発経験がなかった」からだ。

未経験者を採用してくれる会社が見当たらなかったので、経験はなかったけれど、自分で会社を興すことにしたのである。

彼は紆余曲折《うよきょくせつ》の末、やりたかったことを形にし、そして、ガンホーはナンバーワンゲーム会社になった。

「やりたいことって、なかなか見つからないものです。小学生のときから将来を決めている子がいる一方で、六〇歳になってから、『これだ』と思ってやり始める人もいる。

早くわかったからいいってわけじゃない。早く見つけようが遅かろうがどっちでもいいんですよ。大切なのは、本当にやりたいことが見つかったときに、自分が一〇〇%動ける状態かどうかなんです。

健康もそうだし、ビジネススキルも鍛えておかなくてはならない。それには、いまやっていることを一生懸命やらなくてはならない。現在の仕事で手抜きしている人間がやりたいことを形にできるはずがない。オレには夢があると豪語する前に目の前の仕事を全力でやることです」

森下は若い頃、毎日、公園で漫才の練習をした。内装工事の会社でも休むことなくダクトの清掃をした。ビジネスソフトの会社ではコンピュータを一から学んだ。パズドラの大ヒットは「目の前のことに集中した」からこそ生まれたのである。

最初から有名な絵を扱う画商はいない

わたし自身は本を書く前は美術の仕事をしていた。評論家ではない。M・C・エッシャーというだまし絵で知られるオランダの版画家の作品を持って、デパートや美術館で展覧会を開いていた。Tシャツや絵葉書を持っていって、展覧会会場で売り、残りは枚数を数えて持ち帰り、倉庫に保管した。日本全国を旅する仕事だった。だからといって、つまらないと思ったことは一度もない。エッシャーのファンは子どもたちが多い。「いい絵を見た」「面白かった」と言ってもらえたら、それは幸せだった。

当時、ある画商が言っていたことがいまも頭に残っている。

「野地くん、キミはエッシャーという誰もが知っている美術作品を扱っている。だから、苦労をしていない。最初からそんな有名な作品を扱う画商は世の中にはいないんだ。

いいかい、まずは一枚、一〇万円くらいの新人画家の絵を買って、自分の店に飾っておく。そうして売る。それを何年も繰り返しているうちにやっと一枚、数十万円の絵を仕入れることができるようになる。それをまた何年も繰り返す。

頭がハゲてきて、しわが寄った頃になるとようやく一枚一〇〇万円以上の絵をいくつも自分の店に置けるようになる。それからは運が良ければ、ピカソやセザンヌの絵を手に入れることだってできるさ。最初から大家の絵や大きな金額の作品を仕入れることができる画商なんてひとりもいないんだ。目の前の絵を一枚ずつ苦労して売っていくのが私たちの仕事だ。若いくせに『オレはピカソの絵を何枚も持っている』なんてやつを信用しちゃいけない」

森下が言ったこと、この画商が語ったことはビジネスの真髄だ。大きなホームランを狙ってはいけない。まずは目の前の仕事に集中して、結果を出して評価されることだ。夢ややりたいことはそうした日常のなかから生まれてくる。

ロバート・デ・ニーロ　俳優

失敗したら「ネクスト！」と叫べばいい

オーディションは役者の技量だけで決まるもんじゃない

『ゴッドファーザー　PARTⅡ』『タクシードライバー』『グッドフェローズ』などで知られる俳優、ロバート・デ・ニーロ。アカデミー賞の常連であり、ハリウッドを代表するアメリカ人俳優だ。

彼は出演する前に徹底的に役を研究すること、役のために身体を改造することで知られている。

たとえば、『タクシードライバー』のときは、実際にニューヨークのイエローキャブに乗り、ドライバーとして働いた。ボクサーを演じた『レイジング・ブル』のときはもっとすごい。まず体重をしぼって、筋肉隆々《りゅうりゅう》のボクサー体型になった。その後、引退後のボクサーを演じるために体重を二〇kgも増やした。

当時のインタビューを見ると、「体重を増やすにはビールと牛乳をたくさん飲むのがいちばんだ」と語っている。

以前、私がニューヨークに行ったとき、現地のビジネスマンがこんなことを言っていた。

「優れた男のことをニューヨークでは、〝ロバート・デ・ニーロタイプ〟というんだ」

ロバート・デ・ニーロタイプとは「本格的で王道を歩む男」という意味のほめ言葉だ。つまり、そう称されたビジネスマンは、「あいつにまかせておけば大丈夫」と周囲から思われるのだという。

ロバート・デ・ニーロ自身は大学を出ていない。それどころか「高校二年と三年のときはほとんど学校へ行っていない」と語っている。

そんな彼が二〇一五年、ニューヨーク大学のティッシュ芸術学部の卒業生に対して講演を行なった。彼に講演依頼をしたのは同大学の卒業生、映画監督のマーティン・スコセッシだろう。ふたりはいくつもの映画でコンビを組んでいる。ちなみにスコセッシはデ・ニーロの前年、卒業生に対して講演をやった。

さて、講演は「芸術学部を出た卒業生は、就職が大変だ」というところから始まる。

「看護学部の卒業生には誰でも仕事がある。歯学部出身の卒業生も大丈夫だろう。ビジネススクールの卒業生もむろん問題はないし、医学部の卒業生はひとり残らず仕事にありつける。誇り高きロースクールの卒業生も大丈夫だ。もし、大丈夫でなかったとしても彼らはすでに弁護士だ。弁護士として生きていけばいい」

ところが芸術学部を出た卒業生は、勤め先が保証されているわけではないと語る。

「君たちはダンサーで、歌手で、振付師で、音楽家で、映画製作者で、作家で、写真家で、映画監督で、演出家で、役者で、芸術家だ。ああ、もうダメだ」

その後、デ・ニーロは現実を語る。

「君たちが新しい扉を開けようとするたびに『ノー』という言葉が待っている」

たとえば、俳優はオーディションで役を獲得しなければならない。むろん、通るのはたったひとりだ。

若いとき、デ・ニーロはいくつもオーディションを受けた。そのたびに「ノー」が待っていた。

ある舞台のオーディションでは完璧にセリフを言ったという自信があった。だが役は、当時の無名だったデ・ニーロにはこなかった。彼よりも知名度がある俳優が、その役をさらっていった。だからといって、彼はうらんだりねたんだりはしなかったという。

「自分が劣っているから役を得られなかったのではなく、監督が違うタイプの役者をイメージしただけだ」

そう考えて納得することにした。何度も落ちているうちに、オーディションは役者の技量だけで決まるものではないと気づいたのである。

先入観をもたず新しい経験を受け入れろ

「芸術とはひとりの人間が個性を発揮する場でなく、大勢の人間の協力が必要な場だ」とデ・ニーロは言う。

これは仕事の現場ならばどこでも同じだろう。ビジネスの成果はひとりで挙げられるものではない。芸術もビジネスも同じだ。

「映画、ダンス、演劇。いずれも芸術家が自分の個性を演じたり表現したりする場ではない。それは芸術家の集団が貢献し、協力し合うことによって可能になる芸術作品なんだ。

大きな集団だ。製作、衣装デザイナー、撮影監督、ヘアメイク、舞台主任、アシスタントディレクター、振付師など、いまここで名前を挙げた人よりもはるかに多くの人が協力して成り立つのが芸術作品だ。その誰もが重要で欠くことのできない役割を担っている」

彼は続ける。

「私は子どもたちに、『失敗を恐れるな』と伝えている。思い切って行動し、先入観をもたず、新しい経験や考えを受け入れろと勧めている。行ってみなければわからないだろうと言う。果敢に外へ出て、とにかくやってみるしかないんだと言うことにしている」

彼はそうやって、子どもや若い人を鼓舞している。そして、果敢に挑戦しても、それでも、オーディションに落ちたり、望んだ結果が得られなかったとする。その場合、彼はこう言って、励ます。

「私の座右の銘を思い出せばいいんだ。それは『ネクスト！』。次へ行くことだよ」

デ・ニーロは俳優としてだけ優秀なわけではない。人生を知る先人として、多くのことを体験から学んでいる。

失敗したら、望みのものが手に入らなかったら、私たちも「ネクスト！」と叫べばいい。

それだけだ。

川鍋孝文　「日刊ゲンダイ」創業者

「才能ある無名人」と付き合え

反体制の夕刊紙を創刊

川鍋孝文は日刊ゲンダイを創刊した。夕刊紙という新しいメディアのジャンルを確立した男でもある。川鍋は早稲田大学を出てから講談社に入社し、週刊現代の編集長時代は同誌を一〇〇万部に伸ばした。そのまま講談社にいれば幹部になったのだが、新しいことをやりたかったから、会社を出て、日刊ゲンダイを創刊。後に代表となった。

創刊時から日刊ゲンダイに連載を続けている五木寛之は、川鍋が二〇一五年に亡くなった際、同紙追悼号（非売品）のなかでこう書いている。

「川鍋さんはいつも独特の気配を身辺に漂わせていた。その気配を言葉にするのは難しい。あえていえば『自由』の風が吹きすぎる雰囲気なのである。（略）

先日、日刊ゲンダイは創刊四〇周年を迎えた。発行部数が数万部に落ちたときも、また一〇〇万部に迫った勢いだったときも、川鍋さんの表情は少しも変わらなかった」

日刊ゲンダイの大きな特徴は反体制と政権批判である。一般の人々は日本のメディアでは朝日新聞がもっとも政権に対峙していると感じているだろうけれど、そんなことはない。川鍋が率いた日刊ゲンダイの激越さに比べたら、朝日新聞の紙面は政権のＰＲ紙に見える。

なんといっても、日刊ゲンダイの見出しは政権、国会議員、巨大マスコミを毎日、徹底攻撃するのである。

「政権は悪魔のごとし」

「筋書き通りの国会審議の茶番」

「事の真相をまったく報じないこの国のタレ流し新聞記事の罪」

明治初期に讒謗律《ざんぼうりつ》という法律があった。平成の現在、もし讒謗律の効力が続いているとしたら、川鍋孝文と日刊ゲンダイ編集部は同法違反で即刻、刑務所へ送られただろう。

優れた人の技術を盗め

それほど時の政権を監視し、批判していた川鍋だったけれど、部下や一般のジャーナリストにはやさしかった。ただ、やさしかったけれど、指導の方法は厳しかった。後輩に対する叱咤激励もまた激越だったのである。

「編集者、新聞記者は一昔前は、大学を出ても一流どころの企業をみなハネられ、いたし方なく身過ぎ世過ぎ、世を忍ぶ仮の姿などと理屈をつけて、うす汚れた赤ちょうちんでオダをあげている哀れな連中だったのだ。（略）

世の中変わって、情報化時代の旗手だとかうぬぼれて、己の卑しさを打ち忘れ、一人で天下取ったような顔をしている。週刊誌、スポーツ紙、テレビ……下へ行くほど、その手が多い」

川鍋はそうやって手厳しくやっつけた後、「勉強が肝心」とつけ加えることも忘れない。

「編集者の仕事のうち最も肝要なものは、企画を立てることだが、この点も最近は軽んじられている。昔の編集者はいつも『案帳《あんちょう》』というのを持っていて思い付いた企画を即座にメモした。プランを考えるために、あらゆる雑誌、新聞、単行本、新聞広告に目を通した。街をほっつき歩き、映画を見た。仕事のないときに、机にへばりついているような人はいなかった」

「編集の仕事は一種の徒弟制度のような形でしか学ぶことができない。優れた編集者の技術

を見よう見まねで盗んでいくしかないのだから、老練な編集者の質が悪いと、若い人は一生の不作をかこつことになる。（略）

周囲にまねすべき先輩がいないのであれば、池島信平（文藝春秋）とか大久保房男（講談社）のような、名編集者の著作を読む方法もある。あるいは、ジョン・リードとかカール・マルクスとか世界的に超優秀なジャーナリストの著作もある。

編集者は洒落者でなければならない。いつもGパンにうす汚れたシャツでは優秀にはなれない。精神のオシャレが服装に反映するからだ。嗜好は一流好み、バーは銀座、ぜいたくが好きというのも必要条件だろう。

編集者は身のこなしが素早くなければならない。人が殴り込んできたときなど、サッサと逃亡できる能力を身につけたい。身のこなしの速さは頭の回転に比例する」

「(編集者は) ホンネで語り、自由に議論する、根回しなし、それが原則である。

この新企画、オレは事前に相談を受けていないから協力しないよという態度がもしあるとすれば困ったことだ。他人の仕事に干渉しないというのは美徳でも何でもない」

手垢にまみれた有名人とは付き合うな

ここに挙げた言葉は彼が社内報に書いた部下向けのそれだが、一般のビジネスマンにとっても有用なことばかりだ。そして、彼がもっとも伝えたかったことは次の一節である。

「若い編集者の諸君に、とにかく、才能ある無名の人との接触をおすすめする。〇〇のような手垢《てあか》にまみれたTVコメンテーターとは絶対に付きあってはいけない」

〇〇のところにはちゃんと実名が入っている。実名入りで相手を攻撃するところがいかにも彼らしい。

まだ彼が元気な頃のことだ。わたしは、銀座にあるビストロで偶然、彼と出会ったことがある。川鍋さんは調理場が見えるカウンターに腰かけ、美女とふたりでワインを飲んでいた。わたしは正式に紹介されたこともなく、話もしたことがなかったので、目礼しただけでテーブル席で友人と食事をした。すると、ワインのボトルが1本届いたのである。わたしが川鍋さんに向かって、立ち上がってぺこりと頭を下げたら、彼は笑ってワインを飲めという仕草をした。川鍋さんはとてもシャイな人だった。

第六章 意志を貫く

秋元 康　作詞家

何者かになるために酒をやめた

酒飲み仲間は誰ひとり夢を実現しなかった

秋元康は美食家だ。しかも、ワインにも造詣《ぞうけい》が深い。ただし、彼は普段の日は一滴も飲まない。飲まずに食事を楽しんでいる。

「放送作家だった頃、番組の打ち上げと称して、仲間たちといつも酒を飲んでいました。酒の席で出る話題は『オレは小説を書く』『オレは映画監督になる』といったもの…。ははあと聞いていたのですが、酒を飲む場だけの話で、誰ひとりとして小説を書いたり、映画を撮ったりはしないんです。しかし、私は本当に何者かになりたかった。だから、酒を飲むのはやめました。その時間をまず作詞の勉強に充て、作詞家になりました。ついで、映画監督になり、小説も書きました」

秋元康は他人に酒を飲むなと言っているわけではない。しかし、彼はそうやってこつこつと努力をして、作詞家、映画監督、小説家になった。放送作家としても一流であり続けている。美食や酒を楽しむ人でいながら、自分が一所懸命にならなくてはいけない時期を自覚している。

一年に二度か三度だけ、彼はワインを飲む。気心の知れた仲間たちと大いに酒を楽しむ。秋元康、そして次に紹介する、綾小路きみまろ、吉村昭の三氏はいずれも酒の飲み方をよく知っている。楽しむときは楽しみ、飲むべきでないときは口をつけない。何者かになりたいという野心をもつビジネスマンには、ここにある三者三様の助言をかみしめてほしい。

漫談家と作家の場合

ビジネスマンにとって酒との付き合いは欠かせない。同僚との懇親、クライアントとの接待、仕事が終わった後のほっとひといき入れるとき、酒を飲むことで、リラックスできるし、食事もいっそうおいしくなる。わたし自身も酒を飲むし、酒の存在を否定しているわけではない。しかし、飲まなくともいい場合があると思っている。それは酒で身体を壊した人を知っているからだし、また、酒のせいで仕事を失ったり、他人に誤解された人間を間近で見てきたからだ。

綾小路きみまろは一九五〇（昭和二五）年生まれの漫談家だ。「最終学歴は」と問われて、「自動車教習所です」と答える、すぐれたユーモア感覚のもち主で、中高年の女性には絶大な人気を誇る。そんな彼の漫談を聞いていると、決してジョークやくすぐり、毒舌の連発ではない。彼なりの見識を示し、特に話し方、聞き方などコミュニケーションの分野ではちゃんとした意見をもっている。

「話がウケないのもつらい体験ですが、話を忘れるのもまた地獄です。一所懸命、事前に準備して何度も反芻《はんすう》し、いざとなったら舞い上がって頭の中が真っ白。『じゃあ一曲歌います』と切り替えられるのはまだいい方で、大体の人はその場に立ち尽くすのみです。

ここで肝に銘じていただきたい。人前で喋《しゃべ》るのは、一〇〇%はうまくいかないということを。失敗したっていいんです。恥はかけばかくだけ、上に上がれます。（略）

人前に立ったら、あとはただ堂々とするだけ。演説のうまい人は、『オレの話を聞け』と言わんばかりに胸を張り、肩が前に出ています。肩で喋っているのです。その姿勢だと声も出るし、余裕を感じて思わず耳を傾けてしまう。

よく観察してください。アメリカのオバマ大統領を。そういう姿勢で喋っていますから。それに比べて某国の某指導者。猫背なので『若くて余裕がないんだな』と思われてしまいます。私は悪口を言っているのではありません。ただ批判しているだけです。

そしてニコニコと微笑を湛《たた》えながら、人前に立つ。笑うことは『あなたに敵意はありません』と人をいちばん安心させる、最高のメッセージです」

このように、ビジネス書にまとめても「なるほど」と耳を傾けるような内容のことを語っている。本人は漫談としているけれど、内容は啓蒙の書だ。

さて、その彼が酒についてはこう言っている。

「若い頃、私はあまりお酒を飲みませんでした。飲むと気持ちいい時間がある。眠くなる時間がある。酒が残って気持ちが悪くなる時間がある。これがもったいなくて、その時間を漫談の勉強に充てていました。

話のうまい人は最初からうまいわけではありません。必ず、どこか見えないところで努力しているのです。

相手を引き込む話がしたいのであれば、笑いを取って人気者になりたいのであれば、ひたすら準備と練習あるのみです。

本を読む。新聞を読む。言葉をたくさん覚える。思いついたらすぐ実践。恥をかかなければ上へは上がっていけません」

演芸でも一流になるには酒を断ってでも勉強しなくてはならない時期がある。他人と同じ努力をして、他人よりも成果を上げようとするのは不可能だ。

亡くなった作家の吉村昭は酒が好きだった。仕事の区切りがついた後、盃《さかずき》を傾けることをいつも楽しみにしていた。しかし、彼は昼酒は飲まなかった。なぜなら飲酒で身体を悪くした人のほとんどは量を多く飲むというよりも、昼からビールなり日本酒なりをたしなむ人だったからだ。

秋元康、綾小路きみまろ、吉村昭。彼らは酒を楽しんだが、酒に飲まれてはいなかった。

エディー・ジョーンズ　元ラグビー日本代表ヘッドコーチ

小さくても強く、速く、賢くなれる

日本人はチームワークに優れた民族だ

二〇一五年のラグビー・ワールドカップイングランド大会。日本代表チームはロンドンの南にあるブライトン競技場で世界ランキング三位の強豪、南アフリカ代表と闘い、逆転勝ちした。

「世紀の番狂わせ」「ブライトンの奇跡」と呼ばれた試合で、日本代表の指揮を執《と》ったのがヘッドコーチのエディー・ジョーンズ。彼は一九六〇年生まれ。父親がオーストラリア人、母親が日系アメリカ人二世。日本人の血を引くラガーマンだ。現役時代はオーストラリアで活躍したが、指導者としては東海大学の体育会ラグビー部コーチが始まりだった。オーストラリア代表チームのヘッドコーチ、南アフリカ代表のチームアドバイザーを務め、それぞれをワールドカップでの準優勝、優勝に導いた。

彼が代表のヘッドコーチになったのは二〇一二年のこと。当時の代表選手たちは自信に欠けていた。特にニュージーランド、オーストラリア、南アフリカなどの強豪チームとは対戦しても「勝てるはずがない」と最初からあきらめていた。対外試合でも決して、いい成績を残すことができなかった。

着任したばかりのエディーは「どうして自信をもてないのか？」と選手たちに問いかけた。すると、彼らの答えは三つだったという。

「答えは同じでした。身体が小さいから。プロではないから、そして、農耕民族の精神をもっているから。

私はおかしいと思ったのです。特に最後の点はおかしい。だって、日本の米は世界一なのに」

エディーは選手たちの答えを一つひとつ論破していった。

「確かに身体のサイズは変わらない。しかし、身体が小さくとも強くなれる。そして速くなれる。何よりも賢くなれる。この三つをもったラグビー選手になればいいんだ。それに、筋力トレーニングをしながら正しい食事を摂れば、身体を強くすることができる。

次にプロ選手だ。うちのメンバーのひとり、菊谷崇は午前中トヨタで働いて、午後から練習に参加している。トヨタは世界でトップレベルの会社だ。世界トップレベルで仕事をしている選手がいることはアドバンテージなんだ。

最後に農耕民族の精神についてだ。

ムラ社会で生きていくにはリーダーの言ったことに従わなくてはならない。人と異なることをしてはいけないという精神が植えつけられるだろう。しかし、逆に言えば日本人はチームワークに優れた民族なんだ。ラグビーは複雑なスポーツだ。チームワークの良さはアドバンテージになる」

他人のコピーではなく自分たちのやり方で通す

それから、日本代表チームの猛練習が始まった。

エディーは年間一五〇日にものぼる合宿練習を行なった。サッカー日本代表チームはワールドカップに出るときでさえ、せいぜい一カ月しか合同練習を行なわない。選手を集めなくてはならない代表チームが年間に五カ月間も練習するのは稀有のことなのである。

選手たちは朝の五時から起きて練習をした。ランニング、トレーニング、実戦形式の練習に加えて科学的な筋力強化メニューもこなした。食事もカロリー、栄養分を考えたメニューだった。エディーは選手に闘争心を植えつけるために格闘家を呼んで、試合をやらせた。雨の日、酷寒の日にもトレーニングをやった。そうして、選手たちの身体とメンタルを鍛えていったのである。

最初のうちは猛練習に不服を言う選手もいた。外国生まれの代表選手に対して妙に意識する日本人選手もいた。だが、連日の猛練習と、エディーに対する「いまに見ていろ」の気持ちで、チームはだんだんひとつになっていく。さまざまな軋轢《あつれき》を乗り越えて、日本人選手は外国生まれの選手を同じ仲間として認識していく。エディー・ジャパンは国籍を乗り越え、チームワークのいいひとつの組織になっていった。

成果が上がり、代表チームは対外試合でも好成績を残すようになっていった。

エディーは講演でこんなことを話すようになった。

「私は南アフリカ、オーストラリアといろいろな国の選手を見てきましたが、日本人ほどポテンシャルのある選手はいないと思います。さらに、日本には素晴らしいスポーツインフラが整っています。なぜなら国立スポーツ科学センター（ＪＩＳＳ）には最新の機器があってフィットネスを鍛えることができる。

私たちは二〇一九年ワールドカップに出て準決勝に進みます。世界ランキングで一〇位以内になります」

イングランド大会では三勝を挙げたが、準決勝に進むことはできなかった。そして、いま、代表チームは世界一一位である。

エディーはラグビーではもっとも大切なスクラムの組み方について、こう言っている。

「私たちは私たちのやり方でスクラムを組みます。決してニュージーランドをコピーしたスクラムはしません。もっとタイトに、低く、ダイナミックにスクラムを組みます」

エディー・ジョーンズが指導者として優れている証拠は真似をしないことだ。コピーをしないこと、真似をしないことが彼の小さなコンセプトである。

川淵三郎　日本サッカー協会最高顧問

どんな苦境でもヤマトダマシイを忘れない

選手たちの尊敬を集めたクラマー氏

日本サッカー協会最高顧問の川淵三郎は、一流のサッカー選手だった。そして、現役を退いたいま、一流のゴルフプレーヤー、指導者となっている。彼は名古屋にある難コース、名古屋ゴルフ倶楽部和合コースのシングルプレーヤーであり、一昨年は千葉のヌーヴェルゴルフ倶楽部でエージシュート（自分の年齢以下の打数でホールアウトすること）をやった。同じく千葉の鷹之台カンツリー倶楽部ではホールインワンも経験している。つねに七〇台後半で回るゴルファーである。

「エージシュートのとき、最終ホールでパーもしくはボギーでないとダメだった。ところが、グリーンに寄せようとしたら、なんと六メートル近くもオーバーしてしまって、しかも下りのライン。下手すればスリーパットだった。でも、僕は若い頃からどんな状態でも絶対にあきらめないことにしている。強い相手と試合をしてもあきらめないし、電車に遅れそうになってもあきらめずにダッシュすることにしている。『よし、あきらめないぞ』と決めて、それで、いつもよりゆっくりとパットしたら、六メートルを入れることができた」

川淵が「絶対にあきらめない」という小さなコンセプトを心に刻んだのは一九六〇年のことだった。当時、彼は早稲田大学の学生。サッカー日本代表のフォワードだった。

「日本サッカー協会は西ドイツ（当時）からコーチとしてデットマール・クラマーを招聘しました。私たちは彼の下で練習を始めたのです」

クラマーは若い頃から禿《は》げ頭で、若い選手たちは初対面のとき、「なんだ、こんな風采の上がらないおっさんがコーチか」とやや幻滅した。しかし、指導を仰いでみると、選手たちの幻滅はたちまち尊敬に変わったのである。

「クラマーさんはベッケンバウアーの師でもあり、後にバイエルン・ミュンヘンの監督もやりました。プロフェッサーと呼ばれた理論家で、サッカーの技術、戦術だけでなく、日頃の生活まで教えてくれたのです。しかも、率先垂範の人でした。日本に来てから協会が用意したホテルの宿泊を断り、私たち選手と同じ和風旅館に泊まって、海苔と卵の朝ご飯を食べて練習しました。それほど高給をもらっていたわけでもないのに、私たちに真剣に向き合ってくれた」

選手たちは次第にクラマーに心服するようになっていく。

ドイツ人に日本の心を気づかされる

ところが、ある日…。

「西ドイツに遠征したときのことでした。アーヘンという町のセミプロチームと試合したところ、日本代表は五対〇で負けたのです。完敗だった。我ながら情けなく、恥ずかしかった」

試合の後、クラマーが控室に入ってきた。静かな声で話し始めた。

「ジェントルマン、私は兵隊上がりです。ドイツは戦争には負けたけれど、ゲルマン魂はまだ失ってません。戦争の良しあしは別として戦うときは死力を尽くして戦う。サッカーもそうなのです。

今日、私は残念でした。あなたたちは戦う気持ちをもっていなかった。勝ちたいと思っていなかった。最後まであきらめずに頑張ることもしなかった。

いったい、あなたたちはどうしたのですか？　私たちドイツ人が敬意を払っていたヤマトダマシイをもっていないのですか？　ヤマトダマシイをもった日本人は精神的に強いというのは嘘だったのですか？」

そのとき、選手たちは誰ひとりとしてクラマーの顔を見ることができなかった。

川淵さんは思い出す。

「いや、びっくりした。ドイツ人からヤマトダマシイという言葉が出てきたから僕らは恥ずかしくてたまらなかった。以来、どんな強い相手でも試合を投げ出しちゃいけない。どんな苦境にあってもあきらめちゃいけないと肝に銘ずることにした」

クラマーはその瞬間、選手たちにもう一度、ヤマトダマシイを叩き込んだ。そのためもあって、日本代表は一九六四年の東京オリンピックでは強豪のアルゼンチンに勝利することができた。一九六八年のメキシコオリンピックでは銅メダルに輝いた。

一九七五年、日本を離れていたクラマーはバイエルン・ミュンヘンの監督としてＵＥＦＡチャンピオンズカップで優勝した。記者から「人生最高の瞬間ですね」と問われたとき、クラマーは次のように答えた。

「いや、人生最高の瞬間は私が指導した日本代表チームがメキシコオリンピックで銅メダルを獲得したときです。私はあれほど死力を尽くして戦った選手たちを見たことがない」

川淵三郎がJリーグをつくるときにはさまざまな障害があった。日本代表をワールドカップに出場させるためにも苦労をした。いまは門外漢の日本バスケットボール協会を統一させるために粉骨砕身《ふんこつさいしん》の努力をしている。でも、彼は何事も決してあきらめたことはない。それは、クラマーに「ヤマトダマシイをもっていないのか」と叱咤激励されたからだ。

川淵三郎の小さなコンセプトは絶対にあきらめない、そして、ヤマトダマシイを忘れないことだ。

田村　潤

元キリンビール副社長

現場を見て地域の共感を得ることから変革は生まれる

営業ではエリアを知ることがいちばん大切

ベストセラー『キリンビール高知支店の奇跡』（講談社）という本の著者が、田村潤。元キリンビールの副社長で営業本部長だった。四五歳のときに左遷され、同社最弱支店だった高知の支店長になった。時はまさにアサヒビールがスーパードライを売り出し、ビール業界のトップを狙っていた時期だった。

着任当初、高知支店は下り坂でシェアは落ちていく一方。部員はやる気がなく、たまにやる気を見せたとしても空回りするばかり…。体調不良で休む人間が続出し、支店の運営さえままならなくなった。

田村は考えた。

「この闘いの本質はライバルとのそれではない。自社の風土との闘いであり現実との格闘だ」

以後、彼は現場に出て高知をよく見た。本社の一方的な指示にとらわれることなく、エリアの特性、暮らしている人、その人たちの考え方をつかんで、自分が適切と考える手を打った。そうして、二年半後、同社最弱だった高知支店の業績は反転し、アサヒを抜いて同県内トップに立ったのである。

田村は「営業では現場、エリアを知ることがもっとも大切」と言っている。

「国際的なブランドビジネスをやっている他社の役員からうかがった話ですが、海外で闘うにしても、やはりまずは日本の地方のあるエリアで勝ち方を極めていることが非常に大事なのだそうです。エリアで勝ち方を体験した人間こそ海外へ行って通用する。サウジアラビアへ行っても、ドイツへ行ってもそのエリアでもっとも適切な打ち手を自分で考えて実行することができる。そういう力量は国内のエリアのマーケティング、営業から培われるのです」

イノベーションは既存の要素の組み合わせ

高知支店をトップにした彼はその後、四国全体、東海地区の業績を引き上げ、二〇〇七年、ついにキリンビールの営業本部長に就く。本部長になってから三年後、彼はアサヒに抜かれていたビールのシェアを奪回した。伝説の営業マンになったのである。

彼が高知支店でやった営業の方法は業界初の試みではなかった。既存の方法の組み合わせであり、現場に合うよう微調整しただけだ。そうして、終始、彼が言い続けたのは意識改革だったのである。

たとえば、営業のイノベーションについても、自分自身が変わることの重要性を説いている。

「イノベーションの要素は既存のものでかまわないのです。既存のものや力の組み合わせ方を革新する。誰にでもできることが営業のイノベーションで、新しい天才的なアイデアを思いつくことではありません。

これとは逆でまったく効果がないのが官僚的な支配によるアプローチでしょう。画一化を好み、計算不可能なものは一切、認めない。仕事を事務処理的に遂行しようとします。それはダメです」

次に、ビールや飲料の業界でよく行なわれている、おまけ付きキャンペーンに臨む態度について、こうあるべきと語っている。

「キャンペーンの見方を変えるべきでしょう。『一〇〇ケースとったらこれがついてきますよ。だから一〇〇ケースとってください』というのが従来の営業のやり方でした。それでは通用しません。『一〇〇ケースにはこれがついてくるのでお客様に気づいていただくために店頭をこう変えましょう。そうすればお店の売り上げが上がりますよ』

こういうふうな提案にするのです」

本社の決定よりも現場のアイデア

田村が営業で実績を上げた方法は現場重視、そして、誰もがやれることを愚直に繰り返すことだった。大きな予算を使ったわけでもなければ、外からコンサルタントを招いてきたわけでもない。

「営業の量は必ず質に転換します。基本活動を愚直に地道にやっていると、いつかそれが質を生み出してくるのです。たとえば料飲店において豊富な訪問がお客様の信頼に結びつき、市場への理解が深まることから、結果的に我々の活動全般が効率化されます。平凡を極めると非凡に変わる、とも言えます」

田村は東海地区本部長になったとき、第一声で「会議をやめて現場に出よ」と言った。「朝のミーティングなど短い時間の連絡は別としていわゆる企画会議、対策会議は一切やるな。習慣化した会議は内向きの言い訳づくりの場であったり、何の問題解決にもならない」

宣言の直後、スタッフ部門の部下から「会議がなければ本社に報告することがない」と泣きが入った。しかし、田村は「適当に報告しておけ」と会議を開催しなかった。離れたところからの指示、決定よりも、現場からアイデアが出てくることを求めたのである。

キリンビールは地方の営業現場から徐々に変わっていった。数字が上がったために、本社の経営陣は地方支店の意見を聞かざるを得なくなった。

田村はこう総括している。

「企業が苦しく全体戦で勝てないときには地方から変革を起こすことができます。中央から離れた地域だからこそ雑音を聞かなくて済む。現場をつぶさに見て分析し、地域のお客様の共感を得る。そうすれば起爆的な変化が可能になるのです」

これまでの地方創生論とはひと味違った現実を教えてくれるのが田村潤の小さなコンセプトだ。

西尾寛司　スーパーホテル勤務

クレーマーもやさしく応じればリピーターになる

四年契約の住み込みで働く

西尾寛司は新横浜にあるスーパーホテルの元支配人だ。現在は本部に勤めている。同ホテルは宿泊に特化し、しかもリーズナブルな値段のビジネスホテルチェーンとして知られている。そして、スーパーホテルの運営方法は他とはかなり違う。支配人は社員ではなく、独立した個人だ。同社と四年間の業務委託契約を結び、夫婦がホテルに住み込んで、仕事をする。部屋の清掃、リネン交換などはすべて外部業者がやるのだが、それにしても楽な仕事ではない。ただし、契約期間を終えればふたり合わせて四〇〇〇万円近い報酬が得られることになっている。

苦労の多い四年間だろうが、若いカップルが金を貯めて独立しようと思ったら、初期費用もいらないから、決して悪くはない選択だと思われる。

西尾はこれまで三軒のスーパーホテルの支配人を務めた。スーパーホテル旭川の時代には開業から六カ月間、稼働率一〇〇％という驚異的な数字を挙げた。国内のビジネスホテルにおける稼働率の平均が六五・六％（二〇一二年四月‐六月期・観光庁宿泊旅行統計）であることを考えると、西尾がやったことがいかに飛び抜けたことかよくわかる。

「旭川の記録が半年で終わったのは大雪で空港が閉鎖されてしまったからです。旭川は新規オープンの店でしたから、始める前は常連さんがいませんでした。私は開業前に一カ月間、札幌で飛び込み営業をやりました」

彼の前職は業務用ソフトの営業マンだ。飛び込み営業には慣れていたから、「旭川への出張者がいちばん多い」札幌まで足を伸ばして、企業を軒並み訪問したのである。そうして、立ち上げたばかりのホテルを軌道にのせた。

そんな西尾のサービスにおける、小さなコンセプトは「決して逃げない」ことにある。

「うちのホテルには酔っ払いや言葉遣いが荒いお客さんもやってきます。たいていのホテルのフロント係は夜中にそういうお客が来たら、『満室です』と断ってしまう。しかし、僕は逃げません。そういうお客さんこそ、やさしくサービスすればリピーターになってくれる。

翌朝になれば、昨日は悪かったねと謝ってこられる方がほとんどですから」

ホテルの目的は客を泊めることだ。西尾がやっていることは本来、ホテルならば必ずやらなくてはならない、当たり前のことだ。しかし、現実には多くのホテルマンは「面倒くさい」客からは逃げてしまうのではないか。

澤田秀雄　エイチ・アイ・エス会長兼社長

人が通る裏の道を行く

悲惨な現場こそやる気は起こる

旅行会社エイチ・アイ・エスの創業者、澤田秀雄はそれまで赤字続きだった長崎県佐世保市のテーマパーク、ハウステンボスをよみがえらせることに成功した。

再建を頼まれた何人かの経営者が「逃げた」案件を引き受け、奮闘努力した結果、半年で黒字にしたのである。

だが、澤田が引き受けたときの同園の状態は惨憺《さんたん》たるものだった。

「ディズニーランドの一〇分の一以下の商圏（施設が影響を及ぼす地理的範囲）なのに、規模や投資はほぼ同じです。さらに、遠距離ですから、お客様のアクセスにもお金がかかる。そういう悪条件が重なって、一八年間赤字だったわけです」

では、澤田はどういった具体的手法でハウステンボスの売り上げを伸ばし、利益を確保したのだろうか。

当時のハウステンボスは暗い雰囲気に包まれていた。先を見る目がある社員は退職してしまい、残った人々の平均年齢は四〇歳を超えていた。テーマパークという若者向け施設にしては高齢の従業員が多かったのである。

「(残った従業員は)自信をなくして元気がありませんでしたね。しかし、そうすると、僕はやる気が出てくるんです。リストラは一切しませんでした」

そして、澤田は従業員たちを集めて檄《げき》を飛ばした。

「全員に『この会社は一八年間赤字で、お客様もどんどん減って大変です。これからはいまから言う三つだけをやってください』と訴えました。

ひとつは『ごみが落ちている会社は発展しません。特に、ここのバックヤードは汚れている。僕もやるから、朝の一五分、皆で掃除しよう』。ふたつ目は『お客様も減って利益も出ない。だから、暗いのはわかるけれど、そういうときこそ元気に仕事をしよう。お客様には大きな声で挨拶し、笑顔で接してほしい』。三つ目に『黒字にして、これまで出なかったボーナスを取ろう。そのために、経費を二割節減して、お客様を二割増やそう』」

経営者がこれほど具体的に、仕事の方針を発表することは聞いたことがない。だが、従業員は新しい経営者の言葉を信じた。

一方で、澤田は人気アニメ『ワンピース』とのタイアップ企画、世界のトップ・ガーデンデザイナーを集めた『ガーデニングワールドカップ』といった集客イベントを開催し、ハウステンボスに新たな魅力を付け加えていった。その結果、従業員のやる気が高まり、集客戦術も当たって、ハウステンボスの売り上げは二割どころか、五割も増加したのである。

ふたりはどちらも「逃げなかった」。西尾寛司（２１４ページ）は酔っ払いを断ることなく部屋まで介抱した。澤田はリスクの多い仕事を引き受けることにノーとは言わなかった。他人が嫌がる仕事から逃げずに真正面からぶつかることで、結果を残した。

「人の行く裏に道あり花の山」は株の世界だけの格言ではない。人が嫌がることにチャレンジすれば何がしかの報酬が待っている。

河野 敬　ヤナセ副店長

結果を出し続けるため自分を甘やかさない

プロとは一生プロであり続けること

「プロとして恥ずかしくない仕事をしろ」

「お前はプロだろ。プロらしくやれ」

上司からはこうした檄が飛ぶ。では、ビジネスマンのプロとはいったい、どういう人間を指すのか。

営業成績がいい人間のことか、仕事を効率的に片付ける人間か、それとも、企業人でありながら他の人が真似のできない発明や発見をした者をいうのだろうか。

どれもプロの資格としてふさわしい条件のように思える。だが、それだけでは足りないと私は思う。他人よりも売り上げを上げる人間はいる。しかし、長い目で見れば一時の業績は忘れ去られてしまうのではないか。プロと呼べる人は一瞬の存在ではなく、仕事をしている間、ずっとプロであり続けなければならないのだから。

では、そのためには何をやるのか。何をやらなければならないのか。

河野敬はメルセデス・ベンツのセールスマンだ。いまは管理職となったが、現役セールスマンだった一九年間に一五三〇台を売った、ずっとナンバーワンだった男である。彼はプロとは「自分を甘やかさない人間」だと考えている。

このことを説明するのに、河野はいつも同じ例え話を出す。

「質問をひとつさせてください。

あなたがベンツの新車セールスマンだとします。会社が設定した月間ノルマは五台ですが、今月は面白いように商談がまとまり、月末を待たずに達成してしまいました。

ほっとひと息ついていると、得意先のお客様の紹介でなんと二台も追加の注文が舞い込んできました。手続きを急げば、月末までに納車することもできますが、来月初めに納車すれば翌月のノルマ達成がずいぶん楽になります。さて、あなたならどうしますか」

河野が自分で出した答えは次の通りだ。

「賢明なセールスマンなら二台の納車は翌月に回すでしょう。ほとんどのセールスマンはそうする。

ですが、私は迷わずに二台とも月内に納車します。二台分のアドバンテージをもつことによって自分のなかに『甘え』が生まれるのが怖いからです」

現役セールスマン時代、一台も売れなかった月は二度しかなかった。そんな彼だから、数字を調整しなかったわけだが、河野は自分自身をいつも追い込んでいたのである。プロは他人に負けることよりも、自分自身のなかに甘えやゆるみが生まれることを恐れる。長く働くためにも自分の気持ちをしっかりとコントロールしているのである。

リチャード・ブランソン　ヴァージン・グループ創設者

自分のできることを精いっぱいやる

LCCの先駆け

LCCと呼ばれる格安航空は業界のメインストリームになりつつある。

LCCが出てくる以前、航空業界に君臨していたのはそれぞれの国を代表するナショナルフラッグと呼ばれた官僚的な航空会社だった。

そんなナショナルフラッグを時代遅れの存在にした一番手と言えば一九八四年に設立されたヴァージン・アトランティック航空と言っていいだろう。同社を創業したのはリチャード・ブランソンである。

一九五〇年生まれの彼は二三歳のときにヴァージン・レコードというレコードレーベルを立ち上げた。所属アーティストは放送禁止の歌が多いことで知られるパンクバンドのセックス・ピストルズ、加えて、カルチャー・クラブ、マイク・オールドフィールドといったアーティストたちだった。過激なアーティストが所属していたヴァージンレーベルの登場に大人は眉をひそめ、「ヴァージンのレコードは買ってはいけない」と子どもに説教したという。

レコード業界で成功したブランソンは三三歳のときにボーイング747を一機購入し、ロンドン、ニューヨーク間に就航させた。ライバルというべきか戦わなくてはならない相手はブリティッシュ・エアウェイズ。世界でもっともよく知られたナショナルフラッグだった。

ブランソンの新事業に対して世の中の大人は「レコード屋がつくった飛行機会社なんて、落ちるに決まっている」と、まるっきり信用しなかった。

それでも、ブランソンはくじけなかった。料金を安くし、エコノミークラスのシートに内蔵テレビを導入し、マッサージサービス、フルフラットのビジネスシートなどを導入し、同社をブリティッシュ・エアウェイズに肉薄するまでの航空会社に成長させたのである。

その後も彼はチャレンジを続けた。彼は携帯電話や金融ビジネスに進出し、コーラなどの飲料販売、ヴァージン・ギャラクティックという宇宙旅行会社もつくった。いまでは世界三五カ国に従業員六万九〇〇〇名を持ち、年商一六六億ポンドの企業グループとなっている。

そんなリチャード・ブランソンにはひとつの小さなコンセプトがある。

「自分のできることを精いっぱいやる」

彼はこう補足している。

「英雄とは、自分のできることをした人だ。凡人は自分のできることをせず、できもしないことをしようとする人だ」

夢を追うのはいい。しかし、できもしないことばかりを言いつのって、自分の目の前にある仕事をやらない人間は絶対に成功しない。

第七章
日々欠かさないこと

柳井 正　ファーストリテイリング会長兼社長

何が売れたのかを日々、紙にエンピツで記録した

誰でもできることを10年以上やり続けた

柳井正は注目の経営者である。創業者だから会社を発展させる途中、さんざん辛酸をなめたはずだが、本人はそうした苦労話はしない。自分の話よりも、社会的な発言、提言に重きを置く経営者だ。そんな彼が若い頃、必ず守っていた小さなコンセプトがある。

柳井正は一九七二（昭和四七）年、郷里、宇部市で父親が経営していた紳士服の店「小郡商事」に入社した。小さな町の小さな店に入り、「日々、店頭に立ち、洋服を売り、お客様に頭を下げ、自分で包装した商品を手渡し、もう一度、頭を下げた」。当時はむろん、「ユニクロの柳井さん」ではなく、「小郡商事の柳井さん」と呼ばれ、いわば、「洋服屋のオヤジ」だった。だが、それから一一年後、広島にベーシックカジュアルの小売店「ユニクロ」を出

店する。以後、フリース、ヒートテック、シルキードライとさまざまなヒット商品を出し、いまでは海外に百数十の店舗をもつグローバル企業となった。

そんな彼がユニクロの本質を考え続けていたのは宇部市で紳士服店をやっていた頃だ。店では、商品と客について深く考え、仕事を終えると、自宅に戻って、分厚いビジネス書に線を引きながら読んだ。そうした日々、彼が守っていたのは、日々、売れたものを記録することだった。

「売上品目の記録をつけた。その後、何年も続けたのだが、売れた商品を日々、記録していった。それをやることによって、どういう商品が売れるのか、またお客様がほしい商品とはどういったものなのかが、だんだんとわかるようになった」

「仕事を終えた後に、売れたものの品番、色などを集計用紙に記録していった。現在ならPOSシステム（販売時点情報管理システム）があるから、そうした数字はたちどころにわかる。だが、当時はまだそうしたシステムが普及していなかったので、紙とエンピツで、こつこつ集計するしかなかった。原始的な方法ではあったが、記録を続けているうちに、商品のなかの売れ筋がわかるようになっていった。

毎日の記録を基に売れ筋商品を仕入れるようになってからは、利益率が上がっていった。

それまでは勘に頼って仕入れていたのが、根拠に基づいて仕入れるようにしただけで、経営の数字は良くなっていった」

柳井がやったことは、「売れたものを書きつけること」。誰にでもできる単純なことだ。だけれど、彼はそれを一〇年以上もやり続けた。当時、彼と同じ規模の紳士服店をやっていた店主は何人もいるだろう。だが、グローバル企業をつくったのは彼だけだ。そうしてみると、日々の単純で、小さな積み重ねはバカにならないと思われる。

高倉 健
俳優

見てほしいのは画面だけ、それ以外は見せたくない

八〇を超えて日々、肉体鍛錬

高倉健の日常は非常にシンプルだ。酒も飲まず、煙草も吸わない。友だちも限定されているから、知らない人間と気軽に会うことはない。ある年のことだけれど、「初めて会った人は三人しかいなかった」と聞いた。

では、彼は何をしているのか。

すべてが仕事に通じていることばかり…。新作の映画を見にいく。映画の原作になりそうな本を読む。送られてきた脚本を読む。いつでも映画に出られるように肉体の鍛錬を怠らない。なかなか映画に出ないけれど、だからといって毎日、遊んでいるのではなく、日頃から映画に出る準備をしている。八〇歳を超えてもジョギングをするし、声を出す訓練もやって

いる。

彼本人は日常やっていることについて、次のように答えている。

「映画俳優は映画以外のところでどんなに熱演してみても何の意味もないんです。僕は映画俳優と思ってますから、フィルムに表れたこと以外には興味はない。見てほしいのは画面だけですから。汗水流して合宿までしようが、何も関係はない。そうじゃない部分は人に知られたくもない。見せたいという人もいるのかもしれないですけど。僕にはそういう趣味はない。自分がどんな洋服着て、普段はどんなことを考えて、どんな女と付き合って、どんなものを食ってとか人に知ってもらう趣味はまったくない。それもこの俳優という商売のある部分なのかもしれないですけど。出したい人は出したらいい。出しちゃいけないとは思いません」

メディアを意識して私生活をさらけ出している芸能人もいるけれど、私生活の話題でスターになる人間はいない。本当のスターは他の誰よりも仕事に対して臆病なくらい慎重に、そして真剣に取り組んでいる。

ロケ地にレトルトカレーを持っていく

映画出演が決まってから高倉健の本領が発揮される。以下は私とのインタビューで答えた、彼の仕事に対する準備である。

「今度も（『四十七人の刺客』一九九四年）、なれるまで大変だろうと思って、合宿して、朝からかつらかぶって、腰に刀差して、というスタイルで一カ月くらいやりましたかね。なじんでないと、座るときなんか刀がぶつかってガチャガチャ当たったりいろいろするんですよね。なれてくると、座るときでも自然にスッと刀を抜いて自然に座れるようになります」

時代劇に出る場合などはここにあるように、刀を差して一日を過ごすのが彼の仕事のやり方だ。

どんな俳優でも映画に出る前には準備をする。だが、わざわざ合宿場所を用意して、一カ月間も刀を差して生活する俳優はいないだろう。圧倒的な手間をかけることが他の俳優との違いだ。

加えて、彼は撮影前に必ずロケ地を訪れる。その場所で自分が演技することを頭に思い浮かべる。土地の様子や気象などを頭に入れておけば着いたとたんに演技に集中できるからだ。

パリ・ダカールラリーをテーマにした『海へ　See You』（一九九八年）ではロケ地がアフリカだった。さすがにそのときは事前には訪ねていないが、先乗りして土地の様子を観察したという。そして撮影に際しては日本から大量のレトルトカレーとパックご飯を持っていき、ロケの最中はそれを食べた。

「珍しいから」「旅の思い出だから」と外国ロケで現地の料理を食べる俳優がいる。だが、もし彼が食あたりでも起こしたら、撮影は滞ってしまう。フィルムに映《うつ》らないスタッフなら、ホテルで休んでいることもできるけれど主役はそうはいかない。主演俳優が休んだら撮影にならない。だから、高倉健は現地食を食べずに済むよう、レトルトカレーを持っていった。食べ物に気を配るのも主演スターの仕事の一環だ。

また、彼は体調、肌、髪の毛に至るまで日頃から準備している。

たとえば調髪である。高倉健は毎日のように品川にあるホテルの理髪店「バーバー佐藤」に通う。その店には彼のための個室があり、髪の毛を切ることもあればヒゲを剃るだけの日もある。爪の手入れもする。理髪店の主人、佐藤英明は斯界では知らぬ人のいない名人で、その名人が精魂込めて調髪する。佐藤はアフリカロケの際、ダカールまで出かけて髪の毛を切っている。

なぜ、そこまで彼が髪の毛、衣装に神経を使うかといえば、それは主役にはアップのシーンがあるからだ。主役は画面いっぱいに長い時間、顔が映る。だからこそ、スターは自分の顔や髪の毛に責任をもたなくてはならない。つまり、彼が映画出演に過剰なほど準備をするのは映画をいいものにするためと、もうひとつは責任感である。周囲の人間に迷惑をかけてはいけないから、顔かたちが変わらないように節制をする。風邪をひかないよう注意し、海外ロケでは生ものなど一切、口にしない。

いまの時代、責任感を忘れ去って、自分勝手に仕事をしている人がいるけれど、そういう人間は一度、高倉健の映画を見て、仕事に対する責任について考えてみるべきだ。スクリーンで活躍するために、彼は多くを我慢して、捨て去っている。

きびしくて、やさしい人

彼が亡くなった日、甥からメールをもらった。こう書いてあった。

「伯父はきびしくて、やさしい人でした」

高倉健の人柄を表すのに、これほど適した言葉はない。わたしはそう思った。

彼はただ、やさしいだけの人ではない。自らにも他人にもきびしく接する人でもあった。

たとえばマスコミ取材だ。有名人なら誰でも囲みの取材を受ける。彼も撮影所やロケ現場では、何人かの報道陣を前にして話をする機会があった。

囲み取材の場所ではなぜか新聞社、テレビ局といった大企業に所属する人および有名ジャーナリストが場を支配することになっている。もっと簡単に言うと、大新聞、大テレビ局の社員の大半は態度がすごくデカい。一方、若い記者、フリーランスのジャーナリストは委縮してしまう。質問する順番が回ってくることはない。

『鉄道員《ぽっぽや》』（一九九九年）の北海道ロケのときもそうだった。囲み取材では態度のデカい記者たちが矢継ぎ早に質問を繰り返していた。

質問が一段落したとき、若いジャーナリストが手を挙げて、「お願いできますか」と聞いた。彼は「はい」と言って、向き直ると、若いジャーナリストの質問に耳を傾けた。

そのときだった。遅れてきたテレビ番組のディレクターが「健さん、今度、私の番組に出てくれませんか」と無邪気に声をかけたのである。無邪気だったけれど、高倉は必ず返事するに違いないという傲慢な気配が含まれた声のかけ方だった。

だが、彼はディレクターを一瞥《いちべつ》もせず、黙殺した。そして、いつもより時間をかけて、若いジャーナリストの質問に笑いながら、丁寧に答えた。彼はそういう人だ。きびしくて、やさしい人だ。マナーを守らない人間には特にきびしかった。そして、若くて無名の人間にはことさらやさしかった。

高倉健のロケ現場には差し入れの食事、飲み物がふんだんにある。本人が差し入れる他、全国の飲食店から牛肉やマグロといった高級食材が大量に届く。すべて高倉さんが親しくしていた飲食店の主人たちからの差し入れだった。

遺作となった『あなたへ』（二〇一二年）の撮影現場では、いつでも淹れたてのコーヒーが飲めるサービスカーが登場していた。ワンボックスの車にコーヒーを淹れるプロが常駐し、誰にでも無料でサービスしていたのである。

「あれは映画会社が手配したのですか？」

わたしがスタッフにそう尋ねたら、「高倉さんご本人が用意されました」とのこと。コーヒーが好きな俳優は多い。しかし、サービスカーを手配してスタッフ全員にまで振る舞う人はなかなかいない。それだけではない。映画の撮影に入る前にはスタッフ全員に自ら選んだ一流品のダウンパーカ、帽子、Tシャツなどを贈る。彼がいる撮影現場では、「高倉健」のネームが入ったTシャツやダウンパーカを着たスタッフが嬉々として働いている。彼はそうやって現場の士気を高めるために工夫をしていたのである。

思いがけないプレゼント

いつも撮影現場にやってくる寿司店の主人がこんなことを言っていた。

「健さんだけなんだよ。他人に払わせない芸能人なんて、あの人だけだ。普通はスポンサーを連れてきて、当たり前のような顔をして、カネを払わせて、お土産まで持って帰る。そんなものだ。けれど、健さんはスポンサーとはやってこない。あの人はまずエライ人と食事をすることはない。自分より若い役者や友人とやってきて、『たくさん食べろ』と言う。そして、絶対に誰にも勘定を払わせたりはしない。そんな人はあの人だけなんだ」

彼のファンは俳優、スタッフだけではない。立ち寄った飲食店の主人や従業員までがいつの間にか好きになってしまう。そんな人だ。

前述の著書をまとめるには一八年かかった。わたしがインタビューしたのはたった一〇回である。ロケ現場、撮影所で話をしたり、食事をしたことはある。しかし、インタビューは二年に一度というペースだった。

わたしが話を聞いたのは映画と演技についてだけだから、彼の私生活は知らないし、聞いたことはない。また、サインをねだったり、「一緒に写真を撮ってください」と言ったこともない。携帯電話の番号を教えてもらったけれど、一度もかけたことはない。

彼がきびしくてやさしい人だとわかっていたから距離を置いていた。ところが…。

『ホタル』（二〇〇一年）のロケがあった撮影現場でのこと。

「野地ちゃん」と呼ばれた。

「なんですか？」

彼の支度部屋に入っていったら、大きな封筒から自分の写真を取り出して、そこに「高倉健」と署名した。

「はい、これ。キミにじゃないよ。お母さんに。いいか、お母さんを大切に。お母さん、苦労したんだろう。親孝行するんだよ」

わたしの母は夫に先立たれ、仕事をして子どもをふたり育てた。母は朝から晩まで働いていたから、映画を見にいく時間はなかった。けれども、一度、「高倉さん、かっこいい」とぽつりと呟いたことはあった。

彼女は息子（わたし）が高倉健の取材をしたことは知っていた。しかし、彼女もまた「サインをもらってくれ」などと言うことはなかった。

何も言わなかったのに、サインをもらってしまい、戸惑っていたら、彼は笑ってから、こう言った。

「ほら、早くしまって。ちゃんとお母さんに渡すんだよ。うらやましいな、まだお元気なんて。僕はもう母さんがいないから」

彼がいちばん好きなのはお母さんなんだと思った。やっぱり、きびしくてやさしい人だった。

存在感はあるが演技下手？

ただ、一部の映画評論家、専門家は高倉健を評価していない。

「健さんは存在感はあるけれど、演技は下手だ。はっきり言うと大根役者だ」

そんなことを言う人がいる。

だが、果たしてそうなのだろうか。

『冬の華』（一九七八年）という主演作品がある。その映画を監督した降旗康男氏に聞いたことがある。

「降旗監督、あのなかで健さんがちんぴらの顔を靴で踏みつけるシーンがあります。あんな危険なこと、昔はやってもよかったのですか？

チンピラ役の俳優はケガをしなかったのですか？」

そう訊ねたところ、降旗監督は言った。

「野地ちゃん、あれ、ギャッカイなんだよ」

「なんですか？　ギャッカイって」

監督は笑いながら答えた。

「ごめん、ごめん、あれ、フィルムの逆回しなんだよ。踏んでるように見えるけれど、実際は反対の動きなんだ。健さんは足をそっと顔の上に載せる。そして、合図と一緒に足をぱっと上げる。撮影したフィルムを逆回しにしたら、踏みつけているように見える。古い技術で、フィルム映画特有の技術ですよ。

あの当時でさえ、ギャッカイの演技をできるような運動神経のある俳優は少なかった。演技が上手で、しかもアクションができる俳優にしかできない技術です。いまではもう誰も、あんなことはできないでしょう」

乱闘シーンの撮影をするとき、いまはＣＧを使う。フィルムの逆回しなどしなくとも、表面上は迫力のある乱闘シーンが撮れるようになったのである。健さんのような演技ができなくとも、アクション俳優としてやっていくことはできる。

そんな話をしていたら、降旗監督がつぶやいた。

「健さんのすごいところは存在感です」

私が黙って聞いていたら、監督は続けた。「共演する俳優が健さんの目を見ると、セリフが出てこなくなることさえありました。目の力と存在感が高倉健の特徴です。そして、健さんの演技に存在感が出たのは『日本侠客伝』（一九六四年）からのことだった」

『日本侠客伝』は当初、中村錦之助が主役になる予定だった。ところが、錦之助は役を嫌って降りてしまう。そこで、抜擢されたのが高倉健だった。すると、「健坊が主役をやるのならオレは脇に回ってやるよ」と一度、降りたはずの錦之助が出演することとなった。人気でも役者の格としても、当時は錦之助が上だ。高倉健は奮起しなければならない立場になった。

「覚悟」がなければ仕事に迫力が出ない

降旗監督は説明を続ける。

「俳優にとっては存在感は大切です。むろん、存在感がなくても俳優をやっている人はいます。しかし、スターにはなれない。容姿端麗《ようしたんれい》なだけでは無理です。共演者やスタッフが、おっと思うような存在感がなければスターにはなれません。そして、存在感は訓練で出てくるものではない。

覚悟ですよ。覚悟をもつことです。それしかない。

映画でしか生きていくことができない、あるいは、ここでダメだったら、去らなければならない。そういう覚悟をしたとき、初めて存在感が出てくる。

デビューした頃の健さんは美貌と肉体では周りからぬきんでていたわけですから、覚悟も何も要らなかったのでしょう。それが同期の俳優たちが先に有名になってしまって、本人には忸怩《じくじ》たるものがあった。何とかしなければならないと思ったとき、やっと覚悟が出た。それが『日本侠客伝』だった。健さんとしては、一度、主役を降りた（中村）錦之助さんに負けるわけにはいかない。

そんな状況に追い込まれたから生まれ変わったのではないでしょうか。あの映画を見ると、周りの役者が健さんをスターとして扱っていることがわかります。周りの役者が健さんを見る目が違う。

まあ、覚悟なしでもうまいとこまで行く人もいるのですけれど…。でも、しょせん、そこまででしょうね。俳優に限らず、どんな世界でも覚悟のある人とない人では仕事が違うんじゃないでしょうか」

ビジネスマンでも同じことだ。仕事ができる人間には存在感がある。周りの人間は存在感を感じて、彼の意見に従う。

降旗監督の言うように、存在感は訓練では絶対に出てこない。

「これを失敗したら、オレはもうダメだ」と思い詰めて仕事に臨む。その気迫が存在感に変わる。仕事に全力投球しろというのは覚悟をもって臨むことだ。もし、それができれば普通のビジネスマンでもスターになることができる。改めて健さんの映画を見ると、そんなことが頭に浮かんでくる。

横井庄一
耐久生活評論家・元日本陸軍兵

どんなに食料が豊富でも必ず「腹六分」でやめる

ジャングルで二八年間生き延びる

健康はビジネスマンに限らず、誰にとっても大きなテーマである。たとえば、あの松下幸之助はこう言っている。

「会社生活をしていくうえで、何と言っても大切なのは、健康、それも心身ともの健康です。いかに優れた才能があっても、健康を損ねてしまっては十分な仕事もできず、その才能も生かされないまま終わってしまいます」

要は元気で暮らせという当たり前の話なのだが、病弱だった松下幸之助が語ると妙に説得力がある。

では、心身ともに健康であるためには、日々、何をすればいいのか。ウォーキングをする、ジムへ行く、サプリメントを飲むといったことが頭に浮かんでくる…。むろん、それは悪いことではない。だが、もっと日常的で、しかも、金のかからない方法がふたつある。

これから紹介する横井庄一は、異国の地でそのふたつを実践し続けた。彼は二八年間、ひとりでジャングルのなかで暮らし、無事に日本に帰ってくることができた。医師もおらず、薬もサプリメントもない島で、彼は何を頼りに心身ともに健康でいられたのか。

横井庄一は愛知県海部郡佐織村（現・愛西市）に生まれ、洋服の仕立て屋職人をしていたが、召集され、日本陸軍の兵士となる。敗戦の前年（一九四四年）に、グアム島に上陸した後、アメリカ軍との戦闘に備え、島のなかで地下壕生活を送っていた。そのため、日本が無条件降伏したことを知らないまま、ジャングルに潜伏していたのである。そして、二八年後の一九七二年、横井は近くの川へウナギを獲りにいったところ、現地の住民と遭遇し、保護された。日本に戻ってからサバイバル体験の知恵をもとに耐乏生活評論家となり、一九九七（平成九）年、八二歳で亡くなった。長寿と言っていい。横井庄一はサバイバルキットを携えてジャングルに潜んだわけではない。アメリカ軍の攻撃から逃げているうちに、装備も衣類もなくなり、着の身着のままとなった。そうした何もない状態から食料を見つけ、地下壕を掘り、樹木の繊維から衣服を作って暮らしたのである。

たとえば、彼はグアムにいた二八年間、一度も塩を口にできなかった。

「初めの頃は不安だったよ。塩を摂らなければ生きていけないと思っていたから。しかし、どうやっても、あのジャングルのなかでは塩は手に入らなかった。

海に行けばというが、それは危険すぎた。だから、塩はあきらめちゃってたんだ。それで何かを食べるたびに〝動物は塩なんかかけて食ってない〟このことを頭の中で繰り返すのが習慣みたいになってしまった」

彼がなぜ海へ行かなかったかといえば、ジャングルから一歩出たら、アメリカ軍に見つかると考えていたからである。

それにしても、人間は塩がなくとも、水と食料さえあれば生きていける。ただし、塩を使わない食べ物は文字通り、味気ないとは思うが…。いまの私たちには、塩のない生活など想像しようもない。しかし、横井は塩を摂らずに長年、健康を保ち、川でウナギやエビを獲ったり、野生化した豚をつかまえて食料にしていたのである。

健康を保つたったふたつの実践

そんな横井が健康を守るために必ずやっていたふたつの日課とは水浴と過食をしないこと

だった。このふたつさえやっていれば病院に行かなくとも、最低限の健康は守れるのである。

「毎晩五～六回は、川で水浴をした。健康を考えてというよりは、穴（地下壕）のなかは暑くてたまらんで、しかたなしにやっていたんだが、これが、日本に帰ってから病院の先生に言われたが、健康にはすごく良かったらしい。水浴のせいで、皮フ病にもならないですんだ。あの島はわりと食料は豊富にあったが、必ず腹六分目ぐらいで食べるのをやめた。これも一種の健康管理からだ。しかし、こんなふうに毎日細心の注意を払っていても、ちょっとした油断から病気にやられることがあった」

トレーニング機器の充実した高級スポーツジムへ行かなくとも、高価なサプリメントを飲まなくとも、毎日、風呂に入って手足を伸ばし、ストレスを忘れるだけで気分は前向きになる。さらに言えば、どれほどおいしいものでも、お腹いっぱいになるまで食べないことだ。欲を制御して、ほどほどで満足すればいい。つまり、特別な健康法を採用しなくとも、身体を健康に保つことはできる。

たとえば松下幸之助はこうも言っている。

「私は若い頃から病弱であったが、戦中戦後の無我夢中で働かざるを得ない時期を経て健康体になり、いまもまだ元気でいられる。健康法と言えるものは何もないと言っていい私にとって、これは考えてみればまことにありがたいことだし、本当に不思議なものだと思う。

（略）

私は、ひとつの仕事が成就すると、またすぐ次の仕事をと、たえず目標をもって努めてきた。いま静かに思うと、その繰り返しのなかに張り合いがあり、そこにいわば死ぬに死ねないとでもいうか、一種の緊張感がみなぎっていた」

健康法よりも気合や緊張感が身体を元気にするわけだ。

そして、横井庄一も同じことを述べている。

「グアム島にいた間に、繰り返し自分にいいきかせていたことは、〝どんなことがあっても負けやせん〟ということだった。本当に苦しいときに、頭んなかに浮かんでくる言葉はそれだった」

私たちも「負けやせん」と念じながら、風呂に入って、身体を洗い、過食をしなければ、それだけで元気に毎日を過ごすことができるはずだ。

江見　朗

ライドオン・エクスプレス社長兼CEO

当たり前のことを真剣にやった者が勝つ

ポスティングの極意とは

凡事徹底という言葉がある。

「誰もがやれる簡単なことを、誰もがやらないくらい徹底的に追求する」という意味だとわたしは解釈している。

「なんだ。そんなこと簡単じゃないか」と思う人もいるだろうが、実際には「凡事」を徹底して継続するには強い意志がいる。

「銀のさら」は宅配寿司で日本最大のチェーンである。現在、国内に多数の店舗を擁し、マーケットのシェアは五割以上と断トツだ。「銀のさら」などの宅配店を運営しているのがライドオン・エクスプレス。

創業したのは江見朗。一九六〇（昭和三五）年生まれ。高校を出た後、ロサンゼルスへ渡り、七年間、寿司職人をした。三〇歳で帰国し、一念発起して宅配ビジネスを始め、同社を成長させた。

そんな江見がつねづねモットーとしているのが凡事徹底だ。部下に向かっては「掃除でも電話応対でも販促のためのチラシ配りでも、なんでも真剣にやろう。当たり前のことを真剣にやった人間が勝つ」と語っている。

江見が特に力を入れている「凡事」がチラシ配りだ。宅配の飲食店には人はやってこない。メニュー写真が入ったチラシを作り、つねにポスティングしなければ注文はやってこないのである。

「僕自身、チラシを配って歩いた経験があります。誰でもできる仕事ですけれど、毎日やるのはやさしいことではありません。かなりつらい仕事です。マンションの管理人さんからは怒られるし、犬からは吠えられる。雨が降ってきたらやめたくなる。社長の私でさえ、さぼりたくなりました。

しかし、そこから考え方を変えたのです。さぼりたくなるのは誰でも同じだ。ライバル企業だってポスティングは嫌な仕事のはずだ。それなら、熱意をもって取り組んだ方が勝ちだろう、と。これこそ、凡事徹底なんだ。

私は自分の体験を生かしてポスティングの『極意十か条』を作りました。それを店舗に掲げて、そうして、チラシをまく前に必ず読んでくれと言っています。ですから、うちでは社員がチラシまきを率先してやっています。アルバイトさん、業者さんに依頼するときも『チラシ、まいておいて』なんて、あっさり伝えるのではなく、しっかりと熱意を伝え、『缶コーヒーでも飲んでひと息ついてからポスティングにいってください』と丁寧にお願いしています」

「極意十か条」には次のような項目がある。

「ポスティングは孤独との戦いである。無念無想の境地、継続こそ力、忍耐力をそこで学ぶべし」

「管理されていない環境で仕事を全うすることは、『自分との約束』である」

「ただポストに入れるだけでなく、ポストを整理整頓しながら入れるべし。ライバル店のチラシも一緒に整えるくらいの器量を持つべし」

たかがチラシ配りと思ってはいけない。小さなことを徹底して、しかも継続してやることが結果に結びつく。

松本　大

マネックス証券会長

大切なのは一日も休まず書き続けること

分析結果を「モーニングシート」に

ネット証券大手のマネックス。社長の松本大は東大法学部を出て、外資系金融会社のソロモン・ブラザーズに入社。三年後、ゴールドマン・サックスに移り、三〇歳で二五〇人の部下をもち、同社のゼネラルパートナーになった。その年齢でパートナーになったのは同社史上、初めてのことである。

その彼がソロモン・ブラザーズに入って、やったこともまた凡事の徹底だった。

「入社一年目はアメリカで研修を受けていたことが多かったので、本格的な仕事をし始めたのは入社二年目からです。私は債券の担当でした。機関投資家向けに債券の商品を売るわけです。でも新人だから最初は大してやることはなかった。それで、自分で思いつき、勝手に仕事をつくりました。

当時、まだ携帯もメールもありません。ニューヨークやシカゴから送られてくる値動きや情報を手に入れる場合はテレックスに頼るしかなかった。私は毎日、朝早くから出社していたので、テレックスを手に取り、値動きとニュース速報を自分なりに分析していたのです。一カ月も見ていると、債券の価格がどのニュースに対して、どれくらい反応するかがだんだんわかってきました」

松本は上司から命令されたわけではなかったが、分析の結果をA４の紙一枚にまとめ、「モーニングシート」と名づけて上司や同僚に配ることにした。

「最初のうちは、なんだこんなものとポイと捨てられました。それが一週間もしたら読んでもらえるようになり、三週間もしたら、『松本、お客さんにＦＡＸするからもっときれいな字で書け、見出しもつけろ』と注文がつくようになったのです」

彼の作ったモーニングシートは通信社、新聞社、他の証券会社のものよりも正確でかつ情報が速かった。会社の同僚たちは松本のモーニングシートを利用して、顧客に営業をかけた。結果として、彼の仕事は会社の業績をアップさせることにつながったのである。

「大切なのは一日も休まないことです。一回でも休んでしまえばお客さんからの信頼をなくす。それでは意味がありません。

　また、私がマネックス証券を創業したのは一九九九（平成一一）年のことです。その年から私は『つぶやき』と題したブログ（初期はメールマガジン）を始め、現在まで書き続けています。これまで一四年間、営業日は一日も休んでいません。ソロモン・ブラザーズ時代に覚えた『継続が大事』ということが頭にあるからです」

　江見朗（250ページ）も松本も誰かに指示されて始めたわけではない。自分で決めたことをこつこつとやった。

　凡事徹底とはつまりは彼らふたりがやったことだろう。そして、誰もが真似できることだ。後はやるかやらないかだけだ。

さだまさし シンガーソングライター

ギターはいまも毎日、練習する

仕事の本質は地味な作業の継続

新聞、テレビ、ビジネス誌には「仕事の本質」「仕事の核」を描いた番組、読み物がある。とかく出てくる話は新製品、ヒット商品をいかに考えついたか、どうやって資金を集めたか、取引先との交渉あるいは営業で力を発揮したか……、といったものだ。加えて、販売促進の苦労、苦境をどう脱したかもよくある。

こうした話はドラマチックだからまとめやすいし、人も理解しやすい。しかし、ここに出したビジネスの話はどれも「仕事の本質」ではない。はっきり言うと、誰でもやろうと思えばできることだ。仕事の本質とはその人しかできない地味な作業の積み重ねだ。

さだまさしは二〇一三年七月に四〇〇一回目のソロコンサートを行なった。年間一〇〇回のペースで、コンサートを四〇年間、続けてきた。それが彼の仕事である。その間、曲を作り、歌や楽器の練習をする毎日だ。インタビューで聞かれることは「ヒット曲をどう発想したか」「コンサートを続けるコツ」といったものである。誰ひとりとして、彼が毎日、楽器を練習していることを聞こうとしない。地味な作業だけれど、楽器は練習しなければ上達しない。長年、コンサートを続けてきたのは日々の修練があったからこそである。

「練習はします。ただし、バイオリンだけはもう練習したくない。私は中学校のときに上京して、本格的にバイオリンの勉強を始めました。毎日、八時間は弾いていた。けれども、結局、音大の付属高校の受験に失敗してしまいました。バイオリンのプロになるには天才程度じゃダメなんです。天才の上を行く超天才でなくてはいけないとあのとき、わかりました。

いま、コンサートで少し弾くくらいならバイオリンの音は出ます。でも、もう腕がダメです。弦を押さえる左手も、音をつくる右手もダメになっていることは自分がいちばんよくわかっている。

一方、ギターはいまも毎日、練習しています。ギターの弦を押さえていると指先の皮膚が角質化して硬くなってくる。そうでないと、しんどくて弾けません。けれども、バイオリンを弾くとなると、皮膚が硬くなってしまったら、微妙な音程が取れなくなる。

コンサートが一週間なくて、ギターをさわらないまま、ふと、バイオリンを弾くと、めちゃくちゃ音程がいい。いやー、いい音だなあって感激します」

地味な作業に毎日、取り組むことが仕事の本質なのである。だが、メディアにはそのことは取り上げられない。

稲盛和夫

京セラ創業者

何事にも問題意識をもち、工夫と改良を加える

"素人"がV字回復させた

京セラの創業者でＪＡＬの再生を果たした稲盛和夫もまた「掃除ひとつでも人生は変わる」と話している。

稲盛はファインセラミック事業に始まり、電子部品、太陽光発電システム、携帯電話事業、ホテル、そして航空会社などさまざまなジャンルの仕事をしてきた。しかし、彼自身、携帯電話のプロだったわけではなく、まして、航空会社の経営については「稲盛は飛行機に関しては素人じゃないか」と言われてきた。

それでも彼はどの仕事も成功させている。利益を出し、あるいは赤字を黒字に転換させてきたのが彼の人生だ。

「私がそれだけの幅広い技術力をもち合わせていたからではありません。日々、『つねに創造的な仕事をする』ということを、半世紀も絶え間なく続けてきた、その結果に過ぎないのです」

そして、彼は創造的な仕事の例として、なんと掃除を挙げている。

「一日の進歩はわずかでも、一〇年もたてば、とてつもない大きな変化が生じるのです。その例として、私がよく引き合いに出すのが、『掃除』です。

ほとんどの人が、イヤイヤ漫然と取り組んでいる掃除に、真正面から、真剣に、そして創造的に取り組んでいけば、どうなるでしょう。

たとえば、昨日までほうきで自分の職場を右から左へ掃いていたのを、今日は、四隅から真ん中へ向けて掃くようにしてみる。

あるいはほうきだけではきれいにならないので、モップを使ってみる。さらに、モップでもらちが明かないなら、多少お金はかかるが、上司に願い出て掃除機を買ってもらう。掃除機を買えば一時的にコストはかかるが、長い目で見れば、手間や時間の削減にもつながっていくだろう。そして、その掃除機も自分で改良して、さらに効率化と質的向上をはかる」

稲盛が一般の人々に対して訴えたいのは、「つまらない仕事でもちゃんと見ている人がいる」ことだ。

彼はこう結論している。

「『たかが掃除』などと言って、創意工夫を怠り、漫然とただ続けている人は、なんの進歩も発展もなく、一年後も相変わらず同じような毎日をだらだらと続けているに違いありません。

これは掃除に限ったことではありません。

仕事や人生でもまったく同じことです。

どんなに小さなことでも積極的に取り組み、問題意識をもって、現状に工夫、改良を加えていこうという気持ちをもって取り組んだ人とそうでない人とでは、長い間には驚くほどの差が生まれるのです」

【参考文献】※文献末尾の（）内は本書の該当人物を表す。
朝日新聞「人生の贈りもの」２０１１年11月24日夕刊（牧伸二）、２０１２年10月６日朝刊（山下達郎）
『一流の男は「気働き」で決める』高野登著、かんき出版（塚越寛）
『潮』２０１３年８月号（佐々木宏）
『オリーブ』１９８３年３月３日号、マガジンハウス（伊集院静）
『俺は、中小企業のおやじ』鈴木修著、日本経済新聞社（同著者）
『個を動かす　新浪剛史　ローソン作り直しの10年』池田信太朗著、日経ＢＰ社（新浪剛史）
『セールスマン必携―販売のプロセス』ノーヴァル・ホーキンズ著、１９１８年（ハロルド・ジェニーン）
中日新聞１９７３年10月16日（松下幸之助）
『日経ビジネス』２０１６年８月８日・15日号（孫正義）
日本経済新聞２０１２年２月２日朝刊（豊田泰光）
『藤田晋の仕事学　自己成長を促す77の新セオリー』藤田晋著、日経ＢＰ社（同著者）
『プレジデント』２０１３年６月３日号、プレジデント社（秋元康）
『松下幸之助「一日一話」』松下幸之助著、ＰＨＰ研究所編、ＰＨＰ文庫（横井庄一）
『柳井正の希望を持とう』柳井正著、朝日新書（同著者）
『横井庄一のサバイバル極意書』横井庄一著、小学館（同著者）
『理念と経営』２０１１年６月号、コスモ教育出版（権藤博）

※本書は『理念と経営』（２０１１年６月号〜２０１７年６月号、コスモ教育出版）に連載したものに、加筆・修正しました。

野地秩嘉（のじつねよし）

ノンフィクション作家。1957年東京都生まれ。早稲田大学商学部卒業後、出版社勤務、美術プロデューサーなどを経て現職。著書は、『キャンティ物語』（幻冬舎文庫）、『サービスの達人たち』（新潮文庫）、『日本一の秘書』（新潮新書）、『ニューヨーク美術案内』（共著）『企画書は１行』『一流たちの修業時代』（以上、光文社新書）、『ＴＯＫＹＯオリンピック物語』『イベリコ豚を買いに』（共に小学館）、『高倉健インタヴューズ』（小学館文庫）など多数。

成功者《せいこうしゃ》が実践《じっせん》する「小さなコンセプト」

2017年10月20日初版１刷発行

著　者 —— 野地秩嘉
発行者 —— 田邉浩司
装　幀 —— アラン・チャン
印刷所 —— 近代美術
製本所 —— 国宝社
発行所 —— 株式会社光文社
東京都文京区音羽1-16-6（〒112-8011）
http://www.kobunsha.com/
電　話 —— 編集部03(5395)8289　書籍販売部03(5395)8116
業務部03(5395)8125
メール —— sinsyo@kobunsha.com

 ISBN 978-4-334-04314-8

908
成功者が実践する「小さなコンセプト」
野地秩嘉
売れた物を毎日記録した柳井正、客を見ることを忘れない新浪剛史、一日も休まずコラムを綴る松本大、作詞のために酒をやめた秋元康…。人気作家が引き出す一流たちの血肉の言葉。
978-4-334-04314-8

909
テロvs.日本の警察
標的はどこか?
今井良
いま、ヨーロッパを中心に世界中でテロが頻発している。日本に暮らす私たちも、テロと決して無縁ではない。民放テレビ局で警視庁担当記者を務めた著者が、テロ捜査の最前線を描く。
978-4-334-04315-5

910
小説の言葉尻をとらえてみた
飯間浩明
小説の筋を追っていくだけでなく、ことばからも楽しむ――。『三省堂国語辞典』編集委員のガイドで、物語の中で語られることばの魅力に迫っていく、異色の小説探検。
978-4-334-04316-2

911
炭水化物が人類を滅ぼす【最終解答編】
植物vs.ヒトの全人類史
夏井睦
前作で未解決だった諸問題や、「糖質セイゲニストの立場から生命史・人類史を読み直す」という新たな試みに挑む。19世紀的知識の呪縛とシアノバクテリアの支配から人生を取り戻す。
978-4-334-04317-9

912
労働者階級の反乱
地べたから見た英国EU離脱
ブレイディみかこ
トランプ現象とブレグジットは似て非なるものだった! 英国在住、労働者のど真ん中から発信を続ける保育士兼ライターが、常に一歩先を行く国の労働者達の歴史と現状を伝える。
978-4-334-04318-6